IMPUESTOS, INFLACIÓN Y SOCIALISMO EN EL SIGLO XXI

Por: Magister Alexis Boente

(Compilación sobre estos importantes Temas)

Enero, 2013

LO QUE SE DEBE CONOCER SOBRE LOS IMPUESTOS

Por: Magister Alexis Boente
(Una compilación desde la fuente reseñada al final)

Los impuestos son uno de los instrumentos de mayor importancia con el quecuenta el Estado para promover el desarrollo económico, sobre todo porque através de éstos se puede influir en los niveles de asignación del ingreso entrela población, ya sea mediante un determinado nivel de tributación entre los distintosestratos o, a través del gasto social, el cual depende en gran medida del nivel de recaudación logrado.

A continuación se establecen los elementos teóricos necesarios para comprender la importancia de los impuestos en la actualidad.

Función de los impuestos.

En primer lugar, veamos cuáles son las principales funciones de los impuestos. Los impuestos tienen en el sistema económico gran importancia debido a que a través de éstos se pueden alcanzar diversos objetivos. Originalmente los impuestos servían exclusivamente para que el Estado se allegara de recursos, sin embargo, actualmente podemos ver que existen varios fineslos cuales se mencionan a continuación:

- *Redistribución del ingreso.* Uno de los puntos fundamentales de un sistema impositivo es lograr redistribuir el ingreso en favor de un sector o grupo social; esto se alcanza cuando se logran reducir todos aquellos efectosnegativos que generan los mercados en la economía[7]. Una vía fundamentalmente poderosa para lograr la redistribución del ingreso es a través de la aplicación de impuestos al ingreso a tasas progresivas, como por ejemplo a través del impuesto sobre la renta.

- *Mejorar la eficiencia económica.* Otro punto fundamental para el sistema impositivo es lograr la eficiencia económica; esto se logra si se pueden corregir ciertas fallas del mercado como lo son p. ej. las externalidades.

- *Proteccionistas.* Los impuestos, por otra parte, pueden tener finesproteccionistas a fin de proteger a algún sector muy importante de la nación, como puede ser por ejemplo alguna industria nacional, el comercio exterior o interior, la agricultura, etc.

- *De fomento y desarrollo económico.* Los impuestos por otra parte tienen un papel fundamental en el desarrollo económico del país o de alguna región en particular. Esto se logra a través de los recursos que se obtienen, los cuales se pueden destinar por ejemplo a fomentar a algún sector económico en particular, por ejemplo a través de un impuesto sobre el consumo de gasolina mediante el cual se pretenda financiar la construcción de carreteras.

Por otra parte podemos ver que los impuestos pueden tener fines fiscales y extrafiscales. Los fines fiscales hacen referencia a la obtención de recursos que el Sector Público necesita para cubrir las necesidades financieras, mientras que los fines extrafiscales se refieren a la producción de ciertos efectos que pueden ser económicos, sociales, culturales, políticos, etc.

Los impuestos son una parte sustancial (o más bien la más importante) de los ingresos públicos. Sin embargo, antes de dar una definición sobre los impuestos hay que aclarar la diferencia entre los conceptos de ingreso público, contribución e impuesto. Cuando nos referimos a ingresos públicos estamos haciendo referencia a todas las percepciones del Estado, pudiendo ser éstas tanto en efectivo como en especie o servicios. En segundo lugar, una contribución es una parte integrante de los ingresos públicos e incluye aportaciones de particulares como, por ejemplo, pagos por servicios públicos, de donaciones, multas, etc. En tercer lugar, los impuestos forman parte de las contribuciones y éstas a su vez forman parte de los ingresos públicos1.

La definición de impuesto contiene muchos elementos, y por lo tanto pueden existir diversas definiciones sobre el mismo. Entre las principales definiciones están las siguientes:

Eherberg: "Los impuestos son prestaciones en dinero, al Estado y demás entidades de Derecho Público, que las mismas reclaman en virtud de su poder coactivo, en forma y cuantía determinadas unilateralmente y sin contraprestación especial con el fin de satisfacer las necesidades colectivas"2.

Vitti de Marco: "El impuesto es una parte de la renta del ciudadano, que el Estado percibe con el fin de proporcionarse los medios necesarios para la producción de los servicios públicos generales".

Luigi Cossa: "El impuesto es una parte proporcional de la riqueza de los particulares deducido por la autoridad pública, a fin de proveer a aquella parte de los gastos de utilidad general que no cubren las rentas patrimoniales".

José Alvarez de Cienfuegos: "El impuesto es una parte de la renta nacional que el Estado se apropia para aplicarla a la satisfacción de las necesidades públicas, distrayéndola de las partes alícuotas de aquella renta propiedad de las economías privadas y sin ofrecer a éstas compensación específica y recíproca de su parte".

De las definiciones anteriores se puede ver que existen ciertos elementos en común como que los impuestos son coercitivos, es decir que el Estado los fija unilateralmente, limitan el poder de compra del consumidor y se destinan sin ninguna especificación a cubrir la satisfacción de necesidades colectivas o a cubrir los gastos generales del Estado.

Una vez que se han visto los elementos que integran al impuesto, éste se puede definir como *"la aportación coercitiva que los particulares hacen al sector público, sin especificación concreta de las contraprestaciones que deberán recibir"*.

Es decir, los impuestos son recursos que los sujetos pasivos otorgan al sector público para financiar el gasto público; sin embargo, dentro de esta transferencia no se especifica que los recursos regresarán al sujeto en la forma de servicios públicos u otra forma. Esto es así porque los recursos obtenidos por el sector público sirven para muchos fines, debiendo ser uno de los más importantes la redistribución del ingreso a través de diversas vías como por ejemplo: a través de los programas de desarrollo social.

Los elementos más importantes del impuesto son: el sujeto, el objeto, la fuente, la base, la cuota y la tasa. A continuación se especifican cada uno de éstos.

a) **Sujeto.** Este puede ser de dos tipos: sujeto activo y sujeto pasivo. El sujeto activo es aquel que tiene el derecho de exigir el pago de tributos: los estados o provincias y los municipios.

El sujeto pasivo es toda persona física o moral que tiene la obligación de pagar impuestos en los términos establecidos por las leyes. Sin embargo, hay que hacer notar una diferencia entre el sujeto pasivo del impuesto y el sujeto pagador del impuesto, ya que muchas veces se generan confusiones, como sucede por ejemplo con los impuestos indirectos. El sujeto pasivo del impuesto es aquel que tiene la obligación legal de pagar el impuesto, mientras que el sujeto pagador del impuesto es quien realmente paga el impuesto.

b) **Objeto.** Es la actividad o cosa que la Ley señala como el motivo del gravamen, de tal manera que se considera como el hecho generador del impuesto.

c) **Fuente.** Se refiere al monto de los bienes o de la riqueza de una persona física o moral de donde provienen las cantidades necesarias para el pago de los impuestos. De tal forma las fuentes resultan ser el capital y el trabajo.

d) **Base.** Es el monto gravable sobre el cual se determina la cuantía del impuesto, por ejemplo: el monto de la renta percibida, número de litros producidos, el ingreso anual de un contribuyente, otros.

e) **Unidad.** Es la parte alícuota, específica o monetaria que se considera de acuerdo a la ley para fijar el monto del impuesto. Por ejemplo: un kilo de arena, un litro de petróleo, un dólar americano, etc.

f) **Cuota.** Es la cantidad en dinero que se percibe por unidad tributaria, de tal forma que se fija en cantidades absolutas. En caso de que la cantidad de dinero percibida sea como porcentaje por unidad entonces se está hablando de *tasa.* Las cuotas se pueden clasificar de la siguiente manera:

i) *De derrama o contingencia.* En primer lugar, se determina el monto que se pretende obtener; segundo, se determina el número de sujetos pasivos que pagarán el impuesto; y una vez determinado el monto a obtener y número de sujetos pasivos se distribuye el monto entre todos los sujetos determinando la cuota que cada uno de ellos debe pagar.

ii) *Fija.* Se establece la cantidad exacta que se debe pagar por unidad tributaria. Por ejemplo $0.20 por kilo de azúcar.

iii)Proporcional. Se establece un tanto por ciento fijo cualquiera que sea el valor de la base.

iv)Progresiva. Esta puede ser de dos tipos: directa e indirecta. En la primera la cuota es proporcional y sólo crece la porción gravable del objeto impuesto. En el segundo caso la proporción de la cuota aumenta a medida que aumenta el valor de la base. Esta a su vez puede ser de tres tipos: a) progresividad por clases, b)progresividad por grados y, c) progresividad por coeficientes.

v) *Degresiva.* En ésta se establece una determinada cuota para una cierta base del impuesto, en la cual se ejerce el máximo gravamen, siendo proporcional a partir de ésta hacia arriba y estableciéndose cuotas menores de ésta hacia abajo.

vi)*Regresiva.* En ésta se establece un porcentaje menor a una base mayor y viceversa.

Efectos de los impuestos.

Entre los principales efectos se encuentran la repercusión, la difusión, la absorción y la evasión.

I. **Repercusión**

La repercusión se puede dividir en tres partes: percusión, traslación e incidencia. La percusión se refiere a la obligación legal del sujeto pasivo de pagar el impuesto. La traslación se refiere al hecho de pasar el impuesto a otras personas, y la incidencia se refiere a la persona que tiene que pagar realmente el impuesto, no importa que ésta no tenga la obligación legal de hacerlo. De esto se desprende que la repercusión es una lucha entre el sujeto que legalmente tiene que pagar el impuesto y terceros, el sujeto trata de trasladar el impuesto y la persona tercera tratará de restringir el consumo de dicho artículo para evitar de esta forma cargar con el impuesto.

Pero además hay que considerar otros aspectos. En primer lugar, la repercusión se puede dar o no, esto depende del tipo de impuesto que se apliquepor ejemplo, un impuesto sobre las utilidades de las empresas, en este caso no es posibleque se presente la repercusión, sin embargo, sucede lo contrario en el impuesto sobre elvalor agregado.

Hay que considerar también si el impuesto es liviano o es pesado. En el primer caso es preferible que lo pague el sujeto sobre el que legalmente recae, ya que de esta forma se verán reducidas sus utilidades pero al menos no se verá afectada la demanda del bien ya que ésta puede disminuir por un aumento en el precio,provocando mayores pérdidas que las provocadas por el pago del impuesto. En el segundo caso, el sujeto preferirá repercutir el impuesto, ya que si se atreviera a pagarlo él mismo resultaría incosteable para el negocio debido a que el impuesto absorbería las posible utilidades.

Por otra parte, se debe considerar también la influencia de la elasticidad de la demanda sobre la repercusión. En este caso se puede ver cómo, por ejemplo, los productos de primera necesidad y los productos de gran lujo tienen siempre más o menos la misma demanda, los primeros por que no se puede prescindir de ellos, los segundos por que los individuos que los quieren están en condiciones de pagar cualquier precio por ellos. En estas condiciones es muy sencillo repercutir el impuesto, dado que de cualquier forma la demanda no variará.

II.   Difusión.

Una vez que termina el fenómeno de la repercusión se presenta el de la difusión. Este se caracteriza por que la persona que debe pagar finalmente el impuesto ve reducida su capacidad adquisitiva en la misma proporción del impuesto pagado, sin embargo, esto genera un proceso en el que esta persona deja de adquirir ciertos productos o reduce su demanda, por lo tanto sus proveedores se verán afectados por esta reducción en sus ventas y a su vez tendrán que reducir sus compras, y así sucesivamente.

Cabe aclarar que aunque la repercusión es probable que se de o no, en el caso de la difusión siempre se va a dar, porque no importando quien tenga que pagar el impuesto siempre se va a dar una reducción en la capacidad adquisitiva, lo cual va a desencadenar el proceso mencionado.

Por otra parte, cuando se da la repercusión el sujeto pasivo no verá reducida su capacidad adquisitiva, sin embargo, cuando se da el proceso de difusión todas las personas relacionadas con el bien en cuestión verán reducido su poder adquisitivo, inclusive el sujeto pasivo que inicialmente no pagó el impuesto.

Como se puede apreciar la difusión no se dará con la misma intensidad en todos los productos, ya que como se explicó en el inciso anterior los bienes de consumo necesario y los de gran lujo muy difícilmente dejarán de adquirirse, en cambio afectarán en mayor medida a los bienes de lujo, ya que estos no son indispensables para nadie.

II. Absorción

Puede existir la posibilidad de que el sujeto pasivo traslade el impuesto, sin embargo, no lo hace por que su idea es pagarlo. No obstante, para que pueda pagarlo decide o bien aumentar la producción, disminuir el capital y el trabajo empleados, o en última instancia implementar algún tipo de innovación tecnológica que permita disminuir los costos.

III. Evasión.

La evasión es el acto de evitar el pago de un impuesto. A diferencia de lo que sucede con la repercusión en donde el impuesto se traslada, en el caso de la evasión simplemente nunca se paga porque nadie cubre ese pago.

La evasión puede ser de dos tipos: legal e ilegal. La evasión legal consiste en evitar el pago del impuesto mediante procedimientos legales, por ejemplo, al dejar de comprar una mercancía a la cual se le acaba de implementar un impuesto; en este caso el impuesto no se paga porque simplemente se ha dejado de comprar el bien.

La evasión ilegal es aquella en la cual se deja de pagar el impuesto mediante actos violatorios de las normas legales, por ejemplo, la ocultación de ingresos, la omisión en la expedición de facturas, contrabando, etc.

La evasión fiscal se puede dar por muchas razones, entre las principales se encuentran:

I. Ignorancia sobre los fines de los impuestos
II. Servicios públicos prestados en forma defectuosa e ineficiente

III.   Por la falta de una contraprestación por los impuestos que se pagan

IV.   Muchas veces se considera que el pago de impuestos sólo sirve para contribuir al enriquecimiento ilícito de los funcionarios públicos.

Para que los impuestos funcionen adecuadamente y logren cumplir con sus objetivos es necesario que cumplan con una serie de características de diversa índole como pueden ser: económicas, políticas, sociales, morales y jurídicas. De tal forma para que se logren cumplir estos principios es necesario establecer dos elementos básicos: por una parte, el marco normativo, el cual establece las reglas bajo las que se rigen las figuras tributarias, y por la otra, se encuentran las técnicas fiscales que tienen como cometido mejorar la recaudación y hacerla más equitativa.

De acuerdo a lo anterior se pueden mencionar **varios principios fundamentales que todo sistema tributario debe cumplir:**

- **Jurídicos.** Los impuestos deben ser de aplicación y de observancia general, sólo se deben aplicar tratamientos especiales cuando se refieran a situaciones generales. Además, los impuestos se deben expresar con claridad y precisión, de tal forma que se eviten las confusiones que originen malas interpretaciones. Por último, los impuestos deben tener una base legal y se deben destinar a satisfacer necesidades colectivas.

- **Morales.**   Los impuestos no deben fomentar hábitos nocivos para la sociedad, sino al contrario deben combatir estas malas conductas, y por otra parte, los impuestos deben ser justos en un sentido social de acuerdo con las condiciones generales del país.

- **Justicia.** Sobre cualquier otro principio la justicia se debe imponer, sobre todo se debe velar por la mínima intervención privada y no se deben afectar los libertades individuales.

- **Eficiencia económica.** Los impuestos no deben interferir con una eficiente distribución de los recursos, sino al contrario la deben promover. Se puede apreciar que muchas veces algunos tipos de impuestos pueden modificar la conducta de las personas generando efectos adversos en la economía, como por ejemplo trabajar menos horas ante un mayor impuesto sobre la renta. En este sentido los impuestos pueden ser distorsionantes y no distorsionantes, pero en la práctica casi todos los impuestos son del primer tipo.

A pesar de que la mayoría de   los impuestos pueden ser   distorsionantes, también se pueden aplicar impuestos correctivos, como por ejemplo en el caso de que se tengan que corregir fallas del mercado.

- **Simplicidad administrativa.** El sistema impositivo genera costos en su administración, por lo tanto deberían reducirse estos costos en la medida de lo posible.

- **Flexibilidad.** En muchas ocasiones las circunstancias económicas cambian con gran rapidez, ante esto el sistema impositivo debe permitir estos cambios y adaptarse a ellos. por ejemplo, ante caídas generales en el ingreso los impuestos deben ser menores, y ante aumentos generales en el ingreso los impuestos pueden incrementarse proporcionalmente.

- **Estabilización.** Otro punto fundamental consiste en que a través del sistema impositivo es posible fomentar la estabilidad de la economía procurando amortiguar automáticamente las fluctuaciones económicas.

- **Equidad.** Uno de los principios fundamentales establece que todo sistema tributario debe ser equitativo. La equidad se refiere a la manera en la que los recursos de la sociedad deben ser distribuidos entre los individuos que la conforman.

La equidad se puede clasificar de dos formas: equidad horizontal equidad vertical. La equidad horizontal establece que los individuos que se encuentren en circunstancias similares deben tener un trato similar. La equidad vertical establece que los individuos que tienen una mayor capacidad de pago paguen mayores impuestos. A diferencia de la equidad horizontal la equidad vertical ofrece mayores dificultades a la hora de decidir quien debe pagar las tasas mayores, y cuánto más debe pagar que los demás.

Uno de los temas fundamentales dentro de este trabajo se refiere a la forma en la que los impuestos pueden incidir sobre la distribución del ingreso, para lo cual es importante abordar algunos principios de la incidencia fiscal.

A. Principio del beneficio.

De acuerdo con este principio un sistema equitativo es aquel donde cada contribuyente paga en función de los beneficios que recibe de los servicios públicos. Este principio se fundamenta no solamente en un criterio de política impositiva, sino también de impuestos y gastos.

B. Capacidad de pago.

Este tiene como premisa la contribución según la capacidad de pago de cada persona. La capacidad de pago se puede estudiar desde dos vertientes: equidad horizontal y equidad vertical.

1.   *Equidad horizontal.* Bajo esta premisa se establece que las personas con igual capacidad de pago deben pagar lo mismo. Sin embargo, pueden existir diversas maneras de medir la capacidad de pago, todas ellas deben ser de tipo cualitativo: renta, consumo o riqueza.

Esta cuestión ha sido ampliamente discutida, se debe establecer qué medio es el más adecuado para lograr la equidad, el problema estriba en que cada uno de estos medios presenta ventajas y desventajas frente a los demás, por lo tanto es preciso considerar cuál de estos logra minimizar las desventajas y cuál maximizar las ventajas, por supuesto que debe ser considerando siempre la estructura económica del lugar donde se aplique.

2-   *Equidad vertical.* Un pilar fundamental de la equidad vertical es la regla del sacrificio igual. Esta nos establece que las personas con diferentes niveles de renta deben pagar cantidades diferentes de impuestos. Para saber qué tan diferentes deben ser estos pagos se establecen tres reglas de sacrificio. Primera, suponiendo dos personas con diferentes niveles de renta, uno con renta alta y otro con renta baja, entonces se supone que ambas personas contribuyen con un mismo nivel de renta, por ejemplo $10.00. Segunda, estas dos personas van a contribuir exactamente con la misma proporción de su ingreso, por ejemplo 10%. Tercera, la dos personas pagan fracciones diferentes de su ingreso, resultando que ambas rentas después del impuesto se igualan.

C. Principio de la ocupación plena.

De acuerdo a este principio la política tributaria puede servir para estimular la producción y el empleo, para lo cual no es necesario tomar en consideración el beneficio o la capacidad de pago.

D. Principio de la conveniencia.

Este principio establece que se debe obtener el mayor monto posible de ingresos por recaudación con la menor dificultad. Se menciona por ejemplo el caso de los impuestos sobre las herencias, en donde el sujeto que ganó el dinero no se encuentra presente para objetar el impuesto.

La incidencia es un aspecto muy importante dentro de la política tributaria por muchas razones, la principal es que a través de esta se pueden lograr cambios en la distribución del ingreso. Por ejemplo, un cambio en la tasa sobre cierto impuesto va a establecer la forma en la cual se determina la carga.

Para ver cómo funciona lo anterior se pueden identificar tres tipos de incidencia:

a) *Incidencia absoluta.* Esta consiste en el establecimiento de un impuesto en particular, suponiendo siempre que se mantenga constante el gasto público.

b) *Incidencia diferencial.* La incidencia se puede determinar a través de cambios en la distribución resultante de sustituir un impuesto por otro, considerando que se mantienen constantes tanto los ingresos como los gastos.

c) *Incidencia presupuestaria.* Esta se determina cuando hay resultados combinados de cambios en los impuestos y en los gastos.

En la economía puede darse algún tipo de incidencia fiscal, sin embargo, lo importante es considerar los efectos que el cambio de un impuesto puede tener sobre los niveles de empleo, consumo, inversión, etc., y por lo tanto determinar el estado de la distribución del ingreso.

Existen fundamentalmente dos clasificaciones de los impuestos. La primera de ellas los clasifica en directos e indirectos. De acuerdo al criterio administrativo los*:*

impuestos directos son aquellos que gravan al ingreso,la riqueza,el capital o el patrimonio y que afectan en formadirecta al sujeto del impuesto, por lo tanto no es posible que se presente el fenómeno de la traslación. De acuerdo al criterio de la repercusión, el legislador se propone alcanzar al verdadero contribuyente suprimiendo a todo tipo de intermediarios entre el pagador y el fisco. Un ejemplo de impuestos directos es el Impuesto Sobre la Renta.

Éstos impuestos pueden clasificarse a su vez en *personales* y en *reales*. Los personales son aquellos que toman en consideración las condiciones de las personas que tienen el carácter de sujetos pasivos. Los impuestos reales son aquellos que recaen sobre la cosa objeto del gravamen, sin tener en cuenta la situación de la persona que es dueña de ella. Éstos se subdividen en impuestos que gravan a la persona considerándola como un objeto y los que gravan a las cosas.

Ventajas.

a) Aseguran al Estado una cierta renta conocida y manejada de antemano.
b) Se puede aplicar mejor una política de redistribución del ingreso.
c) En tiempo de crisis, aunque su quantum decrece, lo es en un menor grado que los impuestos indirectos.

Desventajas

a) Son muy sensibles a los contribuyentes.
b) Son poco elásticos, y por lo tanto aumentan muy poco en épocas de prosperidad.
c) Se prestan más a la arbitrariedad por parte de los agentes fiscales.

d)   Son poco productivos.

e)   El contribuyente es más estricto al juzgar los gastos del Estado.

f)   Estos impuestos dejan de gravar a un gran sector social.

Figura 1-1

Clasificación de los impuestos

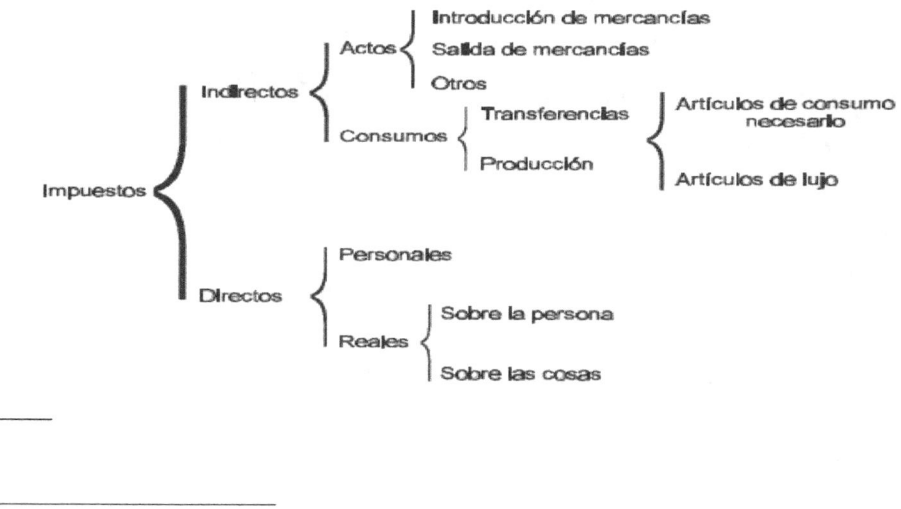

Los *impuestos* *indirectos:* son aquellos que recaen sobre los gastos de producción y consumo, por lo tanto su principal característica es que son trasladables hasta el consumidor final. Los impuestos indirectos pueden ser de dos tipos[9]:

- *Multifásicos.* Gravan todas las etapas del proceso de compra-venta.
- *Monofásicos.* Gravan solamente una etapa del proceso. Éstos a su vez se subdividen en impuestos al valor total de las ventas y en impuestos al valor agregado.

Los impuestos indirectos se pueden clasificar también como *impuestos sobre los actos* e *impuestos sobre el consumo.* En el primer caso tenemos por ejemplo, los impuestos sobre la importación y la exportación.

Entre los principales impuestos indirectos, se encuentran el Impuesto al Valor Agregado y el Impuesto Especial sobre Producción y Servicios.

Ventajas

a. Son poco perceptibles.
b. Se confunden con el precio de venta.
c. Gravan a todo el sector poblacional, aún extranjeros.
d. Son voluntarios en el sentido de que basta con no adquirir el bien para no agar el impuesto.
e. El causante paga el impuesto en el momento en el que es más cómodo para él.

Sin embargo, hay que aclarar que no es totalmente cierto el caso de los incisos d) y e) en el sentido de que ciertos bienes de primera necesidad se tienen que adquirir en forma casi obligatoria por los consumidores.

Desventajas

a. Recaen más sobre las clases pobres.
b. No tienen la misma fuerza que los directos en tiempos de crisis, crean déficit

agravando aún más la crisis.

a) Los gastos de recaudación son muy elevados.

La segunda clasificación de importancia es por cuotas, es decir, se establece una cantidad monetaria por el bien o servicio, la cual puede ser fija (por ejemplo $10.00) o porcentual (por ejemplo 10% sobre el valor del bien). Ésta última puede ser varios tipos y es de gran importancia determinar cuál de ellas se va a utilizar ya que esto determinará los resultados en la política fiscal y en la distribución del ingreso.

Hasta aquí una visón general sobre los impuestos. Las políticas fiscales – mecanismos para su aplicación- las implementa y lleva a cabo cada país de acuerdo a sus condiciones concretas, siempre y cuando se respeten los principios anteriormente planteados.

Fuente:

https://docs.google.com/viewer?url=http://www.economia.unam.mx/secss/docs/tesisfe/BonillaLI/cap1.pdf&embedded=true&chrome=true

ESPECULACIÓN E INFLACION

¿Qué es la especulación?

Una definición simple pero estrecha:

Es cuando, valiéndose de las necesidades de las personas, comerciantes inescrupulosos venden productos regulados o servicios con un incremento sin razón justificada; violando así los precios regulados por el Estado.

Una definición amplia:

Especulación es un vocablo que nos encontramos en cualquier conversación económica cada tres frases, bien para usarlo como designio de los males económicos que nos afectan, bien para sustentar o apoyar ciertos movimientos económicos de una manera relativamente sutil. No obstante, sobre la especulación, su definición y función económica, poco se habla y por este motivo, vamos a dedicar esta semana nuestros Conceptos de Economía a la especulación.

La especulación se define como el conjunto de operaciones comerciales o financieras destinadas a **obtener un beneficio económico, basándonos exclusivamente en las variaciones de precios en el tiempo**. Esta definición incluiría dentro de la especulación a cualquier inversión, ya sea realizada en activos materiales, inmateriales o activos financieros, pero se acuerda definir como especulación a las inversiones que se realizan sin tener ningún tipo de control sobre la gestión de los activos en los que se realiza la inversión.

A nivel financiero, una acción especulativa se entiende como la inversión que se realiza en activos que no garantiza la seguridad de retorno del activo adquirido ni tampoco asegura el beneficio esperado por la inversión realizada. En esta línea, debemos tener presente que **ganar o perder es realmente sencillo**, dado que un movimiento especulativo genera tanto beneficios como pérdidas dentro del movimiento de capitales. Por tanto, los movimientos especulativos no presentan siempre rentabilidades positivas, tal y como se quiere hacer ver a nivel coloquial desde muchos frentes no especializados en economía.

¿Por qué es necesaria la especulación?

Actualmente, nos encontramos en una tesitura económica que señala directamente a los especuladores como los causantes de los grandes males de los mercados financieros y las perversas consecuencias que tienen sobre el empleo y el crecimiento económico. Pero dentro de cualquier configuración económica, es necesario que alguien asuma los riesgos inherentes a las operaciones económicas.

Imaginemos por ejemplo el mercado de materias primas, en el que los precios fluctúan en función de las previsiones de las cosechas o futuras extracciones petrolíferas. Si un año, la climatología ha sido adversa y se requieren nuevas zonas para realizar cultivos que nunca se han llevado a cabo, los agricultores pueden no estar dispuestos a afrontar el riesgo de la inversión en un terreno que no saben su productividad o no disponen de los medios económicos suficientes para llevar a cabo el sostén de la cosecha.

Vender anticipadamente la cosecha a un fondo de inversión puede ser una vía para que la producción se pueda llevar a cabo, afectando directamente al precio de la materia prima en el mercado dado que **se transfiere la capacidad negociadora del precio al inversor que financia la cosecha**. Si este especulador no invirtiera en esta cosecha, asumiendo el riesgo de la pérdida de la misma, no tendríamos finalmente las materias primas.

El punto más importante de la función especulativa dentro de los mercados lo encontramos en el **aseguramiento del precio de la producción en el futuro**. En multitud de ocasiones, nos encontramos con que los productores primarios que se reflejan en el activo financiero, quieren fijar de antemano el precio futuro de la producción para no asumir las variaciones de precios que se puedan derivar de las variaciones en la oferta y demanda del bien en cuestión. En estos casos, los mercados de futuros representan el vehículo especulativo que cumple con la función de satisfacer las necesidades de los productores de dichas materias primas.

La dotación de liquidez y la financiación de los estados

El segundo gran punto de los movimientos especulativos lo tenemos dentro de los **movimientos que dotan de liquidez a los mercados financieros** y posibilitan a la vez la financiación de estados, entes públicos y empresas con emisiones de deuda a distintos plazos.

Tal y como está definida la especulación, adquirir una letra del tesoro o un bono de una empresa, es un movimiento especulativo puro y duro dado que el inversor sólo persigue el rendimiento de la operación sin poder entrar en la gestión económica del ente. Tengamos presente que la distribución monetaria entre ahorro e inversión se encuentra desplazada y cualquier ente económico necesita liquidez para llevar a cabo sus operaciones comerciales y financieras.

Los rendimientos que se pagan por estos movimientos de fondos están íntimamente relacionados con las garantías de devolución del principal en el caso de las empresas o con las previsiones de crecimiento, recaudación y control del gasto público para el caso de entes públicos, como son los estados, CCAA o ayuntamientos.

En esta línea, la garantía o afianzamiento de las inversiones mediante Credit Default Swaps o recurrir a las subastas como métodos para colocar los activos financieros dentro de los mercados de capitales son los vehículos más usados para conseguir el funcionamiento real de la economía.

La función de liquidez del mercado, es una función imprescindible para el funcionamiento correcto de la economía. La liquidez del mercado garantiza que se maximiza el precio más eficiente y más bajo para cualquier operación, sin la necesidad de esperar para que la operación se efectúe. Más liquidez implica más demanda y, como consecuencia, mejor precio y una realización mucho más rápida de la operación. La realización de operaciones de manera consecutiva es la que faculta el movimiento de la economía de manera directa con la influencia de oferta y demanda necesaria para que el mercado funcione.

El riesgo, el factor impredecible

Finalmente, tal y como se puede concluir después de un análisis racional de la especulación; el riesgo intrínseco a la emisión de cualquier activo generará en el futuro fluctuaciones en los precios que podrán favorecer o perjudicar al especulador o tenedor directo del activo. En esta línea, los Gobiernos están buscando fórmulas para **regular la especulación y los movimientos de capitales**, mediante los planteamientos del establecimiento de la Tasa de Tobin o mediante la prohibición de las operaciones en corto, como vías que invierten en activos temporales o contratos de futuros que fijan valores inferiores a los presentes sobre determinados activos financieros.

La realidad es que cualquier regulación severa sobre los mercados financieros **afectará directamente a la liquidez existente y a los costes reales de financiación de los estados y empresas**. El combustible principal de la economía es el dinero y sus tenedores son los que deciden realmente lo que quieren hacer con él, los riesgos que quieren asumir y los rendimientos que esperan obtener por los riesgos que asumen frente a la pérdida.

Por último, las críticas que se fundamentan frente a los movimientos especulativos de los mercados, siempre señalan como culpables del encarecimiento del precio al movimiento especulativo mediante un alza del precio del activo frente su nivel real de precio. Esta afirmación implica de entrada que conocemos de antemano cual va a ser el precio real de cualquier activo en el futuro, cuestión que es impredecible basándonos sólo en la variación de precios. La estabilidad de precios y la ausencia de volatilidad directa en el valor de transacción viene asegurada por la propia existencia de la especulación dado que si no existieran los movimientos especulativos no existiría absolutamente ninguna previsión del valor del activo en el futuro.

En esta línea, la volatilidad en los precios sería tan elevada que las transacciones comerciales con precios fijados de antemano serían impensables dado que la distribución del riesgo que asumen los especuladores dentro de los mercados sería distribuida por igual a todos los agentes que intevienen dentro del circuito económico. Se puede concluir que **es impensable un sistema económico que elimine la especulación** dado que la asunción del riesgo no puede ser distribuida por igual entre los agentes que intervienen con distinta capacidad económica.

Aunque se ataca desde diversos frentes a la especulación financiera, ésta se despliega abiertamente ante los ojos de gobiernos y autoridades monetarias, demostrando su dominio y poder global. La forma que adquiere este fenómeno que comienza a gestar otro foco de crisis, tiene el eufemístico nombre de **"carry trade"**, suerte de acarreo de divisas que en el cada vez más abierto mercado de capitales, busca **el diferencial de ganancias socavando la estabilidad del mercado de bienes**.

La mecánica consiste en pedir prestado donde las tasas de interés son más bajas, como el caso de Japón, Estados Unidos o el Reino Unido, e *invertir* en los mercados donde las tasas de interés son más elevadas, como Brasil, Australia o

Nueva Zelanda. Este hecho provoca la apreciación de la moneda local frente al dólar, en una espiral creciente que no hace más que aumentar los peligros de una nueva burbuja. Parte de la apreciación del real brasileño durante los últimos años, ha sido provocada por la inundación de dólares que llegan buscando el *spread* o diferencial de tasas de interés, operaciones que al estar respaldadas por los bancos centrales, están **exentas de riesgo**.

Así es como el dólar de Nueva Zelanda se ha apreciado más del 42% con respecto al dólar estadounidense durante este año, poniendo en peligro la recuperación neozelandesa. Una moneda apreciada de esta forma forzada y engañosa no hace más que instalar el peligro de una caída en la competitividad, al provocar una seria una disminución de las exportaciones y un incremento forzado de las importaciones, acelerando el déficit en la balanza de pagos. La manipulación que ejercen estos capitales golondrina sobre los precios relativos, es una advertencia que debe poner en alerta a los bancos centrales: Se requiere establecer mecanismos de freno y control a estos movimientos especulativos que afectan la estabilidad de precios.

La libre movilidad de capitales que se explica en el modelo de Mundell y Fleming le ha jugado una muy mala pasada a países como Islandia, al cual llegaron miles de millones de dólares que aprovechaban las altas tasas de interés. Esto generó una situación de gran confortabilidad durante algunos años, hasta que la situación comenzó a resquebrajarse, demostrando que el modelo es abiertamente insostenible dado que la economía no puede exprimirse hasta el infinito. Y apenas se detecta una situación delicada, los capitales huyen despavoridos pues es el síntoma de que el fruto quedó seco y hay que llegar a tiempo a otro lugrar para exprimir uno nuevo.

Esta imprudencia de los bancos centrales, que con el pretexto de controlar la inflación elevan la tasa de interés, aunque ello signifique asfixiar a la economía interna, ha sido una de las trampas más dañinas del actual modelo económico que no solo es responsable de la creación de burbujas sino también de la paralización de la economìa. Los fuertes desequilibrios que causan los flujos de capital, o "carry trade", que se mueven parasitariamente sin generar ninguna actividad productiva real, forman parte de la materia prima que potencia las crisis y que se nutre de estos errores para hacer aún más daño a la actividad económica y el empleo.

Mercados Financieros y mercados de producciones Reales

Tú ahora le dices "especulador" a alguien que se ha quedado pillado con varias viviendas a la venta, y te miran como si les hubieses mentado a la madre. Lo dicho, si quieres hacer amigos no uses ese término.

En este sentido me acuerdo de aquella jocosa distinción bursátil, según la cual, un inversor a largo plazo es un inversor a corto que se ha quedado pillado, y hace de la necesidad virtud. Puede parecer simplista, pero en el día a día puedo dar fe que se cumple más veces de las que pensamos.

Volviendo al punto inicial, creo que se hace necesaria una defensa del especulador, y de su papel en la economía.

Por ello me ha alegrado la entrada en la que Roberto Centeno se hace eco de la tesis de Samuelson, Premio Nobel de Economía, que nos recuerda el papel de los especuladores:

LA ESPECULACIÓN CONSISTE EN LA COMPRA DE UNA MERCANCÍA CON LA IDEA DE VENDERLA MÁS TARDE (o a veces venderla ahora y comprarla más tarde) A FIN DE OBTENER UN BENEFICIO. Los especuladores no tienen interés en utilizar el producto o en hacer algo con él, solo quieren comprar barato y vender caro".

¿Cómo podría beneficiar la especulación a la sociedad? La función económica de los especuladores consisten en "trasladar" los bienes de los periodos de abundancia a los periodos de escasez, a través de espacio, del tiempo, o de los estados inciertos de la naturaleza.

LOS MERCADOS ESPECULATIVOS **SIRVEN PARA MEJORAR LOS PATRONES DE PRECIOS Y DE ASIGNACION EN EL ESPACIO Y EN EL TIEMPO**, ASÍ COMO PARA AYUDAR A TRANSFERIR RIESGOS. Estas tareas son realizadas por especuladores que, espoleados por el deseo de comprar barato y vender caro, muestran de hecho el funcionamiento de la mano invisible (1), reasignando los bienes de las épocas de abundancia (cuando los precios son bajos) a las de escasez (cuando los precios son altos).

En primer lugar hay que destacar la claridad de la definición. Aquí hay mucho más especulador del que se reconoce como tal. Para empezar los intermediarios comerciales lo son. Y muchos de nosotros , hemos ejercido, en un momento dado, como tales.

En segundo lugar coincido plenamente con Samuelson y con Centeno. El especulador contribuye a dar liquidez a un mercado (luego concretaré), el especulador asume riesgos (vuelvo a decir que luego insistiré), el especulador busca un beneficio por dicha labor. El especulador es un actor más de los mercados y cumple una labor en el ecosistema financiero.Más de un promotor inmobiliario, que los miraba con desdén, que les ponía mil trabas, los busca ahora desesperadamente.

Suena duro para los tiernos oídos socialdemócratas. Antes de que se llenen los comentarios de alusiones personales y demás conviene matizar mis afirmaciones. El especulador cumple esas funciones en mercados en los que exista competitividad. Si el especulador cuenta con información privilegiada, si oferta o demanda están manipuladas, etc, su labor no sólo puede no ser positiva si no claramente negativa. Y es que el especulador entonces pierde su principal justificación ética para obtener beneficios, que no es otra que la asunción de riesgos. Por eso, en estos momentos que vivimos, debemos recordar a nuestros gobernantes que los especuladores deben soportar las consecuencias de ese riesgo por el que optaron.

Fenómenos Inflacionarios

¿QUE ES LA ESPECULACION Y EL ACAPARAMIENTO?

No hay nada más fácil que echarle la culpa a otro de la causa de nuestros problemas. En los últimos años en Venezuela se ha implementado una política de control de precios para combatir el grave proceso inflacionario que estamos viviendo. Lo que se ha querido hacer es simplemente evitar que los precios aumenten decretando que no aumenten, suena cantinfleico pero es así, queremos ocultar las verdaderas causas, ignorándolas. Muchas veces he comentado que combatir la inflación con un control de precios es similar a tratar de controlar la fiebre manipulando el termómetro para que siempre marque 37 grados.

Cuando se implementa un control de precios, normalmente lo que sucede es que un individuo, que generalmente no conoce a la industria, tratando de beneficiar al consumidor, fija un precio de venta relativamente bajo, lo que trae como consecuencia que las empresas pequeñas que producen con un costo promedio alto, no pueden seguir produciendo disminuyéndose de esta forma la oferta del producto. En cambio las empresas grandes se ven favorecidas porque al tener un costo de producción promedio menor pueden seguir en el mercado y con una menor competencia.

Aclaremos lo de los costos. Una empresa cuando manufactura un producto incurre en dos tipos de costos: los fijos y los variables. Los costos fijos son aquellos que se incurren independientemente de si se produce o no, por ejemplo: El alquiler del galpón, los gastos por intereses de la deuda, el sueldo de los oficinistas, etc. Si es una empresa pequeña, con poca participación en el mercado el costo por unidad es bastante alto. No es lo mismo distribuir, Bsf. 1.000 de costo fijo entre 100 unidades producidas, que distribuirlos entre 1.000 unidades. En el primer caso, el costo promedio es Bsf. 10 (1.000/100) y en el segundo Bsf. 1 (1.000/1.000). Esta es la razón por lo que toda empresa trata de expandir su mercado, para bajar el costo promedio y así poder tener una ganancia mayor. Al disminuir la oferta de bienes hay una presión para que los precios aumenten, pero al estar controlados, lo que sucede es el desabastecimiento. El gobierno trata de ocultar esta situación echándole la culpa a la especulación y al desabastecimiento.

¿Qué es especulación?. En economía especular es simplemente tratar de tener un beneficio al realizar una transacción comercial. Como se puede ver, no tiene esa connotación negativa que se le quiere dar. Alguien me comentó que especular es tratar de tener un beneficio por encima de lo normal ¿Quién determina cual es el beneficio normal?, ¿es normal 20%, o es normal 50 %?. Cada producto tiene su propio porcentaje de beneficio. Se dice que este está directamente relacionado con el riesgo. Empresas más riesgosas tendrán un beneficio mayor a las menos riesgosas. Podemos intentar definir el beneficio normal, como aquel beneficio que se genera cuando la empresa está produciendo en total libertad y solo con las restricciones que le genera el propio mercado. En un mercado totalmente libre es imposible que se puedan obtener beneficios por encima que lo normal ya que si esto sucede, los inversionistas tratarán de entrar en ese mercado, aumentando así la oferta y bajando el precio. Ustedes no se acuerdan del boom de taxis que hubo hace algunos años, en los cuales era un negocio redondo comprar un taxi y dárselo a alguien para que lo manejara. ¿Qué sucedió?. Todo el que pudo entró en el negocio, con lo cual aumentó mucho la oferta de taxi, reduciendo los beneficios, ahora no es tan atractivo el negocio. Entonces en una economía libre es imposible especular. Adicionalmente hay que comentar que el precio de venta es el resultado de un convenio entre la oferta y la demanda. Siempre que una persona compra un bien es porque le parece que el precio de venta está acorde con la utilidad que le genera el bien. Siempre que un vendedor fija un precio es por qué alguien está de acuerdo en pagarlo. Por supuesto, el productor siempre venderá el producto al precio más alto que alguien esté dispuesto a pagarlo. Es una actitud normal.

Como hemos visto la única manera de que se pueda aspirar precios más altos es que disminuya la oferta o que aumente mucho la demanda y como también se comentó el control de precios es el principal factor que influye en la caída de la oferta. Lo que quiere decir es que si hay posibilidades de especular, esta es producida por el control de precios.

En cuanto al acaparamiento este se define normalmente como la retención voluntaria de un producto con el fin de afectar los precios para aumentar el beneficio. Como se puede ver, aquí la clave es la capacidad de afectar el precio, y eso sólo es posible si se tiene una participación mayoritaria en el mercado. ¿Usted cree, que el señor del abasto de la esquina pueda afectar los precios?, si se sabe que a 2 cuadras hay otro abasto que tiene el producto al precio normal de venta. Claro usted me dirá que las grandes industrias si puede acaparar y afectar el precio. Pero lo que sucede es que acaparar no es una decisión razonable, ya que al acaparar se incurren en costos, de almacenamiento, de logística, se altera el ciclo productivo. El que recurre al acaparamiento, no debe ser llamado gerente, ya que esta es una mala praxis administrativa. Igualmente, cuando el mercado es libre, son mayores los costos que los posibles beneficios. Las industrias tienen un ciclo productivo, lo que le obliga a tener en almacén siempre un inventario de insumos, de productos intermedios y productos finales.

Este ciclo depende de la productividad particular, es decir, podemos tener dos empresas de la misma rama industrial y que tengan un ciclo productivo mayor. ¿Eso querrá decir que la empresa que es menos productiva y que se ve en la necesidad de tener un inventario mayor, está acaparando?La moraleja de todo lo anterior es que si podemos hablar de especulación y acaparamiento es porque el mercado no está actuando libremente. Estas desviaciones sólo se pueden dar cuando se interviene en el mercado. En definitiva, el problema radica en el control de precios y no en la posible

Induciendo la inflación

En economía, la **especulación** es el conjunto de operaciones comerciales o financieras que tienen por objeto la obtención de un beneficio económico, basado en las fluctuaciones de los precios. Una operación especuladora no busca disfrutar del bien o servicio, sino obtener un beneficio de las fluctuaciones de su precio con base en la teoría del arbitraje. En sentido extenso, toda forma de inversión es especulativa; sin embargo, el término se suele aplicar a aquella inversión que no conlleva ninguna clase de compromiso con la gestión de los bienes en los que se invierte, limitándose al movimiento de capitales (mercado financiero), habitualmente en el corto o medio plazo.

La especulación se basa, por tanto, en la previsión y en la anticipación, de forma que el especulador también puede equivocarse si no prevé correctamente la evolución de los precios futuros, de forma que tendrá que vender barato algo que compró caro. El mercado especulativo por tanto premia a los buenos previsores y castiga a los malos.

Siendo la Especulación, operaciones comerciales que se practica con mercancías, valores o bienes, de manera que se compran a bajo precio esperando venderlos a mayor precio:

Podemos afirmar que la mayor cantidad de especulación es en el comercio. El comercio genera empleos. El empleo fomenta el incremento de los salarios reales, que a su vez estimula el consumo de productos que provoca que la economía genere más empleos y por consecuencia menos pobreza. La especulación es dañina cuando existen monopolios. En una economía con muchos competidores y abierta a la importación, el mercado presionará para que cada producto o servicio se venda al menor precio posible, evitando los sobreprecios gracias a que existen muchos oferentes de esos productos o servicios.

Cuando existen mercados cerrados a la importación y/o monopolios y el bien o servicio es muy necesario o inelástico, el productor o proveedor obtendrá mayores márgenes de ganancias, porque podrá especular prácticamente sin límite por no tener competencia.

En algunos casos, los aumentos del precio debido a la compra masiva de un bien o servicio, causa a su vez una mayor demanda con fines también especulativos: más gente comprará el producto esperando venderlo en poco tiempo y ganar dinero. Si las perspectivas de incremento del precio del activo se calculan al alza, y si estos movimientos se suelen alentar mediante políticas de crédito blando basadas en tipos de interés bajos, el agotamiento del líquido disponible puede provocar una burbuja económica. Un período **sostenido** de compra especulativa se ve frecuentemente acompañado por un período de venta en que los precios caen de forma drástica. En muchos casos se asocia la especulación con la utilización de información privilegiada, lo cual está tipificado como delito en la mayoría de los países.

Algunos agentes de mercado utilizan el monopolio para hacer subir o bajar los precios de acuerdo a sus propios intereses, dejando algunas veces poco margen para la legalidad. En el caso del petróleo, por ejemplo, los grandes monopolios usan a sus gobernantes para generar conflictos internacionales, algunas veces usando como excusa la lucha contra el terrorismo, las dictaduras, la protección de la democracia, etc. Como resultado, el resto de países, frente al temor de una escasez de petróleo solicitan petróleo a futuro, lo que aumenta el precio de ese producto.

En el caso de especulación a través de mercados financieros, esta es provocada por decisiones gubernamentales como la emisión de dinero inorgánico por exceso de gasto (generando que el mercado se sature de dinero e inflación) o la fijación de tasas de interés muy bajas por parte de bancos centrales, para estimular la inversión con créditos de bajo costo que estimula la entrega de créditos de alto riesgo.

En países con controles monetarios o regulación de importaciones, el mercado quedará con pocos oferentes, creándose así a monopolistas que sacarán provecho de las circunstancias y aumentarán sus precios para obtener mayores ganancias.

Según la teoría neoliberal la única forma de evitar la especulación desaforada es a través de la competencia, mientras más oferentes, precios más bajos. Los controles de precios crean desbastecimiento y cierre de empresas productoras, monopolizando aún más el mercado, estimulando así la especulación.

Políticas Gubernamentales ante el mal temido por todo Gobierno

La **inflación**, en economía, es el incremento generalizado y sostenido de los precios de bienes y servicios con relación a una moneda durante un período de tiempo determinado. Cuando el nivel general de precios sube, cada unidad de moneda alcanza para comprar menos bienes y servicios. Es decir que la inflación refleja la disminución del poder adquisitivo de la moneda: una pérdida del valor real del medio interno de intercambio y unidad de medida de una economía. Una medida frecuente de la inflación es el índice de precios, que corresponde al porcentaje anualizado de la variación general de precios en el tiempo (el más común es el índice de precios al consumidor).

Los efectos de la inflación en una economía son diversos, y pueden ser tanto positivos como negativos. Los efectos negativos de la inflación incluyen la disminución del valor real de la moneda a través del tiempo, el desaliento del ahorro y de la inversión debido a la incertidumbre sobre el valor futuro del dinero, y la escasez de bienes. Los efectos positivos incluyen la posibilidad de los bancos centrales de los estados de ajustar las tasas de interés nominal con el propósito de mitigar una recesión y de fomentar la inversión en proyectos de capital no monetarios.

Entre las corrientes económicas más aceptadas existe generalmente consenso en que las tasas de inflación muy elevadas y la hiperinflación son causadas por un crecimiento excesivo de la oferta de dinero. Las opiniones sobre los factores que determinan tasas bajas a moderadas de inflación son más variadas. La inflación baja o moderada puede atribuirse a las fluctuaciones de la demanda de bienes y servicios, o a cambios en los costos y suministros disponibles (materias primas, energía, salarios, etcétera), tanto así como al crecimiento de la oferta monetaria. Sin embargo, existe consenso que un largo período de inflación sostenida es causado cuando la emisión de dinero crece a mayor velocidad que la tasa de crecimiento económico.

Hoy en día, la mayoría de las corrientes económicas están a favor de una tasa pequeña y estable de inflación. Una inflación pequeña (en vez de nula o negativa) puede reducir la severidad de las recesiones económicas al permitir que el mercado laboral pueda adaptarse más rápidamente en una crisis, y reducir el riesgo de que una trampa de liquidez impida una política monetaria de estabilización de la economía. La tarea de mantener la tasa de inflación baja y estable se asigna generalmente a las autoridades monetarias de cada país. En general, estas autoridades monetarias son los bancos centrales, que controlan el tamaño de la emisión monetaria mediante la fijación de las tasas de interés, a través de transacciones en el mercado de divisas, y mediante la creación de la banca de reservas.

El término *inflación* se refería originalmente a los aumentos en la cantidad de dinero en circulación. Se utilizaba para afirmar que la emisión de moneda había sido *inflada* artificialmente por encima de las reservas que la respaldaban. Algunos economistas siguen utilizando la palabra de esta manera. Sin embargo, el uso término *inflación* cambió gradualmente hasta terminar usándose de forma general para referirse al aumento en el nivel de precios que aparecía como consecuencia de esa emisión, y finalmente para referirse al aumento de precios en general.

Para diferenciar los usos del término, un aumento en la oferta de dinero es ocasionalmente llamado *inflación monetaria*. La subida de precios puede ser designada por el término general *inflación* o, para diferenciar con mayor claridad los dos usos, *inflación de los precios*. Los economistas generalmente están de acuerdo que en el largo plazo, *la inflación de precios* elevada es causada por la *inflación monetaria* (aumento de la oferta de dinero). Sin embargo, para las variaciones de *inflación de precios* bajas y las variaciones en el corto y mediano plazo, existen varias causas propuestas por las distintas teorías económicas (ver #Causas de la inflación).

Otros conceptos económicos relacionados con la inflación son:

- Deflación: caída en el nivel general de precios (índice de inflación negativo).
- Desinflación: desaceleración de los precios.
- Hiperinflación: espiral acelerada fuera de control de la inflación.
- Estanflación: combinación de inflación, crecimiento económico lento y alto desempleo.
- Reflación: intento de elevar el nivel general de precios para contrarrestar las presiones deflacionarias.

Puesto que hay muchas medidas posibles del nivel de precios, hay muchas medidas posibles de inflación de los precios. El Índice de Precios al Consumidor (IPC), el Índice de Precios al Consumo Personal Gastos (PCEPI) y el deflactor del PIB son algunos ejemplos de los índices de precios amplio. Sin embargo, la inflación también puede ser usada para describir un nivel de precios en aumento dentro de un conjunto más reducido de los activos, bienes o servicios dentro de la economía, como las materias primas (incluidos alimentos, combustible, metales), los activos financieros (tales como acciones, bonos y bienes inmuebles), los servicios (tales como el entretenimiento y cuidado de la salud), o el trabajo. La inflación subyacente es una medida de la inflación para un subconjunto de los precios al consumidor que excluye los precios de los alimentos y la energía, que suben y bajan más que otros precios en el corto plazo. La Reserva Federal presta especial atención a la tasa de inflación subyacente para obtener una mejor estimación de tendencias a largo plazo la inflación futura en general.

La inflación se calcula generalmente mediante la tasa de variación del índice de precios en el tiempo, por lo general el Índice de Precios al Consumidor, que mide los precios de una selección de bienes y servicios adquiridos por un consumidor medio.

Por ejemplo, en enero de 2007, el Índice de Precios al Consumidor de los EE.UU. fue 202.416, y en enero de 2008 era 211.080. La fórmula para calcular el porcentaje de la tasa de inflación anual del IPC a lo largo de 2007 es entonces

$$\left(\frac{211.080 - 202.416}{202.416} \right) \times 100$$

La tasa de inflación resultante del IPC en el período de un año es de 4,28%. Es decir, el nivel general de precios a los consumidores aumentó aproximadamente cuatro por ciento en 2007.

Clasificación de la inflación según la magnitud

La inflación según la magnitud del aumento suele clasificarse en distintas las categorías:

- **Inflación moderada**. La inflación moderada se refiere al incremento de forma lenta de los precios. Cuando los precios son relativamente estables, las personas se fían de este, colocando su dinero en cuentas de banco. Ya sea en cuentas corrientes o en depósitos de ahorro de poco rendimiento porque esto les permitirá que su dinero valga tanto como en un mes o dentro de un año. En sí, las personas están dispuestas a comprometerse con su dinero en contratos a largo plazo, porque piensan que el nivel de precios no se alejará lo suficiente del valor de un bien que puedan vender o comprar.

- **Inflación galopante**. La inflación galopante sucede cuando los precios incrementan las tasas de dos o tres dígitos de 30, 120 ó 240% en un plazo promedio de un año. Cuando se llega a establecer la inflación galopante surgen grandes cambios económicos. Muchas veces en los contratos se puede relacionar con un índice de precios o puede ser también a una moneda extranjera, como por ejemplo el dólar. Dado que el dinero pierde su valor de una manera muy rápida, las personas tratan de no tener más de lo necesario; es decir, que mantiene la cantidad suficiente para vivir con lo indispensable para el sustento de todos los seres.
- **Hiperinflación**. Es una inflación anormal en exceso que puede alcanzar hasta el 1000% anual. Este tipo de inflación anuncia que un país está viviendo una severa crisis económica; debido a que el dinero pierde su valor, el poder adquisitivo (la capacidad de comprar bienes y servicios con el dinero) disminuye y la población busca gastar el dinero antes de que pierda totalmente su valor. Este tipo de inflación suele deberse a que los gobiernos financian sus gastos con emisión de dinero sin ningún tipo de control, o bien porque no existe un buen sistema que regule los ingresos y egresos del Estado.

Existen diferentes explicaciones sobre las causas de la inflación, probablemente existen diversos tipos de procesos económicos que producen inflación, y esa es una de las causas por las cuales existen diversas explicaciones: cada explicación trata de dar cuenta de un proceso generador de inflación diferente, aunque no existe una teoría unificada que integre todos los procesos.

Teoría monetaria

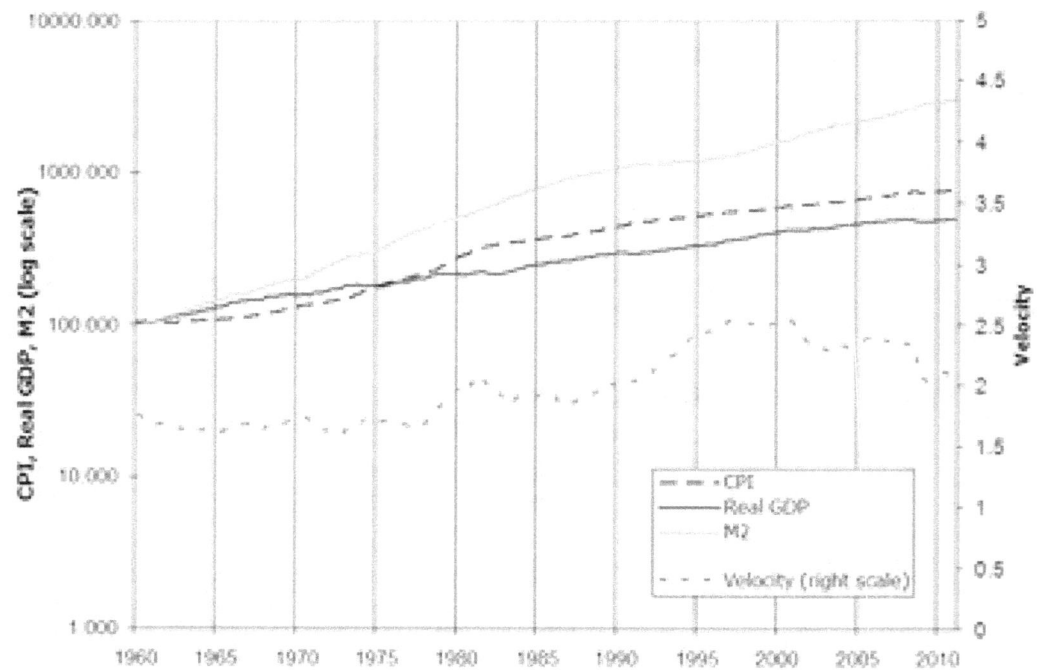

Índice de precios al consumidor (*CPI*), PIB real, M2 (escala logarítmica, ajustado a 1960) y velocidad monetaria, para la economía de Estados Unidos. La teoría monetaria plantea que la velocidad de crecimiento monetario es aproximadamente equivalente a la inflación menos el crecimiento real del PIB.

Uno de los esquemas explicativos más aceptados sobre la causa de la inflación es la que indica simplemente que:

(*)

Donde:

- P es el precio de los bienes de consumo;
- D_c es el monto que representa la demanda agregada por bienes y servicios; y
- S_c representa el suministro agregado de bienes de consumo.

Es decir, los precios subirán si el agregado de suministro de bienes baja en relación a la demanda agregada por dichos bienes. Siguiendo esta teoría la demanda agregada está basada principalmente en el monto total de dinero existente en una economía, lo que se traduce en que: *al incrementarse la masa monetaria, la demanda de bienes aumenta y si esta no viene acompañada de un incremento en la oferta, la inflación surge.*. La ecuación (*) está relacionada con la ecuación de Cambridge (aunque se observan desviaciones respecto a las predicciones de ambas ecuaciones hasta de un 50%, tal como muestra el gráfico adjunto para la economía de Estados Unidos).

Existe otra teoría similar que relaciona a la inflación con el incremento en la masa monetaria sobre la demanda por dinero lo cual significaría que "la inflación es siempre un fenómeno monetario" tal como lo afirma Milton Friedman. Siguiendo esta línea de pensamiento, el control de la inflación descansa en la prudencia fiscal y monetaria; es decir, el gobierno debe asegurarse de que no sea muy fácil obtener préstamos, ni tampoco debe endeudarse él mismo significativamente. Por tanto este enfoque resalta la importancia de controlar los déficits fiscales y las tasas de interés, así como la productividad de la economía.

Teoría keynesiana

La teoría económica keynesiana propone que los cambios en la oferta monetaria no afectan los precios de forma directa sino indirecta a través de otros procesos económicos: la inflación es entonces el resultado de esos procesos económicos expresándose en los precios.

La emisión monetaria es una de las causa principales de la inflación, pero no la única. La teoría propone otros procesos que se expresan en la inflación. La teoría propone tres causales adicionales de inflación, de acuerdo a lo que Robert J. Gordon denomina "el modelo del triángulo".

- **Inflación de demanda** (*Demand pull inflation*), producida cuando la demanda general de bienes se incrementa, sin que el sector productivo pueda adaptar la cantidad de bienes producidos a la demanda existente. Esta explicación requiere dos suposiciones: que absolutamente todos los sectores productivos (alimentos, vivienda, transporte, vestimenta, etc.) simultáneamente tengan problemas de satisfacer la demanda y que los consumidores sigan demandando todos los productos indiscriminadamente.

- **Inflación de costos** (*Cost push inflation*), producida cuando los costos se encarecen (por ejemplo, el precio del petróleo o la mano de obra) y en un intento de mantener la tasa de beneficio los productores incrementan los precios. Para que esta explicación sea viable se debe suponer que los productores pueden trasladar los aumentos de precio sin afectar la demanda y que los consumidores cuentan con el dinero suficiente para pagar precios más altos.

- **Inflación autoconstruida** (*Build-in inflation*). Se trata de inflación inducida por expectativas adaptativas, a menudo relacionadas con una espiral de ajustes de la relación precios-salarios. Se produce cuando trabajadores tratan de mantener sus salarios por encima de los precios (por encima del índice de inflación) para compensar las expectativas inflacionarias a futuro con base en la inflación del presente, y las empresas trasladan esta subida de costos laborales a sus consumidores a través de la subida de precios, originando un círculo vicioso de inflación. La inflación autoconstruída en un punto de tiempo refleja efectos inflacionarios pasados.

Cualquiera de estos tipos de inflación pueden darse en forma combinada. Sin embargo, las dos primeras mantenidas por un período sustancial de tiempo dan origen a la tercera. En otras palabras, una inflación elevada persistente originada por elementos monetarios o de costos da lugar a una inflación de expectativas.

Teoría del lado de la oferta

Esta teoría afirma que la inflación se produce cuando el incremento en la masa monetaria excede la demanda de dinero. El valor de la moneda entonces está determinada por estos dos factores. La inflación en los años 1970 en EE.UU. se ve como causada por el incremento en la masa monetaria que ocurrió tras la salida de este país de los acuerdos de Bretton Woods, que sujetaba el valor de la moneda al patrón oro. Según esta teoría, el incremento en la masa monetaria no tiene efectos inflacionarios en la medida que la demanda de dinero aumente proporcionalmente.

Esta teoría explicaría la baja en la tasa de inflación en los años 1980 en EE.UU. debido a la expansión económica que se produjo a raíz de la reducción en los impuestos. Se explica esto indicando que una expansión en la economía origina un incremento en la demanda de dinero, lo cual contrarresta el efecto inflacionario que normalmente conlleva el aumento en la masa monetaria.

Teoría austríaca

La Escuela austríaca de economía, afirma que la inflación es el incremento de la oferta monetaria por encima de la demanda de la gente. Los productores de bienes y servicios demandan dinero por sus productos, si la generación de dinero es mayor que la generación de riqueza, hay inflación. Por el contrario si la oferta de moneda es menor que la demandada existe deflación. Como consecuencia de la inflación se produce un efecto en cadena de distorsión de precios relativos al alza, es decir que algunos precios suben más que otros. Si todos los precios de la economía (incluido el salario) subieran uniformemente no habría ningún problema, el problema surge por la subida no-uniforme. En los procesos deflacionarios, la distorsión de precios relativos generada, es a la baja. Esta teoría rechaza de plano la popular definición de "aumento sostenido del nivel de precios" por lo anteriormente expuesto.

Esta escuela asigna la causa de la inflación/deflación a la existencia de un monopolio emisor de moneda (Banco Central). Como solución a la inflación propone la eliminación del monopolio emisor de moneda, y liberar a los privados la impresión de la moneda, los que competirían por tener la moneda más fuerte para permanecer en el mercado. Propone volver a la moneda-mercancía, respaldando la moneda con algún activo tangible (oro, plata, platino, etc). O por alguna combinación de varios metales, con lo cual se minimiza la volatilidad que pudiera tener el valor del dinero, como en el caso, por ejemplo de usar sólo oro, cuya volatilidad en el precio es elevada por cuanto la gente tiende a refugiarse en él en épocas de incertidumbre.

Efectos de la inflación

Efectos generales

Un aumento en el nivel general de precios implica una disminución del poder adquisitivo de la moneda. Es decir, cuando el nivel general de precios sube, cada unidad monetaria permite comprar menos bienes y servicios. [29] El efecto de la inflación no se distribuye uniformemente en la economía. Por ejemplo, los prestamistas o depositantes que reciben una tasa fija de interés de los préstamos o depósitos pierden poder adquisitivo de sus ingresos por intereses, mientras que los prestatarios se benefician. Las personas e instituciones con activos en efectivo experimentará una disminución de su poder adquisitivo. Los aumentos de salarios a los trabajadores y los pagos de pensiones a menudo se mantienen por debajo de la inflación, especialmente para aquellos con ingresos fijos.

Los deudores que poseen deudas a tasas de interés nominal fijo observan una reducción en la tasa real proporcional a la tasa de inflación. El interés real de un préstamo es la tasa nominal menos la tasa de inflación, aproximadamente. Por ejemplo, si alguien toma un préstamo donde la tasa de interés establecida es del 6% y la tasa de inflación es del 3%, la tasa de interés real que pagará por el préstamo es del 3%. Los bancos y prestamistas pueden ajustar en ocasiones incluyendo una prima de inflación en los costos de los préstamos del dinero mediante una tasa inicial más alta o mediante el establecimiento de los intereses a una tasa variable.

Efectos negativos

Las tasas de inflación elevadas e impredecibles son consideradas nocivas para la economía. Añaden ineficiencias e inestabilidad en el mercado, haciendo difícil la realización de presupuestos y planes a largo plazo. La inflación puede actuar como un lastre para la productividad de las empresas, que se ven obligadas a detraer capital destinado a la producciones de bienes y servicios con el fin de recuperar las pérdidas causadas por la inflación de la moneda. La incertidumbre sobre el futuro del poder adquisitivo de la moneda desalienta la inversión y el ahorro.

La inflación puede también imponer aumentos de impuestos ocultos: los ingresos inflados pueden implicar un aumento de las tasas de impuesto sobre la renta si las escalas de impuestos no están indexadas correctamente a la inflación. Sin embargo, tasas de inflación moderadas no parecen tener efectos negativos sobre las economías, así un estudio de Robert Barro, muestra que estadísticamente que una inflación inferior al 8-10% no muestra correlación negativa con la tasa de crecimiento del país.[1] Otros estudios empíricos sitúan el umbral a partir del cual la inflación puede ser realmente dañina en el 20 o el 40%.[2][3]

Pérdida de poder adquisitivo

En primer lugar, el deterioro del valor de la moneda es perjudicial para aquellas personas que cobran un salario fijo, como los obreros y pensionados. Esa situación se denomina pérdida de poder adquisitivo para los grupos sociales mencionados. A diferencia de otros con ingresos móviles, estos ven cómo se va reduciendo su ingreso real mes a mes, al comparar lo que podían adquirir con lo que pueden comprar tiempo después. Sin embargo, debe señalarse que si los salarios son rápidamente ajustados a la inflación se mitiga o elimina la pérdida de poder adquisitivo de algunos grupos sociales.

Con alta inflación, el poder adquisitivo se redistribuye desde las personas, empresas e instituciones con ingresos fijos nominales, hacia las que tienen ingresos variables que pueden seguir el ritmo de la inflación. Esta redistribución del poder de compra también se produce entre los socios comerciales internacionales. Si existen tasas de cambio fijo, una economía con mayor inflación que otra hará que las exportaciones de la primera sean más costosas, afectando la balanza comercial. También pueden generarse efectos negativos para el comercio debido a la inestabilidad en los precios de cambio de divisas.

Perjuicio para los acreedores

La inflación es perjudicial para aquellas personas acreedoras de montos fijos, ya que el valor real de la moneda decrece con el tiempo y su poder de compra disminuirá. Contrariamente aquellos deudores a tasa fija se verán beneficiados, ya que su pasivo real irá disminuyendo.

Como consecuencia de los puntos anteriores, surge lo que se suele denominar "inflación autoconstruida". Este fenómeno consiste en trasladar el aumento de precios hacia delante en el tiempo, esto es así ya que las personas esperan que la inflación continúe como en períodos anteriores. Así se genera un espiral inflacionario, en el que se indexan contratos, se aumentan los sueldos y los precios por expectativas futuras.

Inflación diferencial

La inflación diferencial es una situación en la que dos o más países, cuyas economías son fuertemente dependientes o forman un área económica especial, presentan diferentes tasas de incremento de precios. La inflación diferencial, especialmente si se sostiene durante un período largo, provoca por lo general que el país con mayores tasas de inflación sufra un aumento de costes de producción y consiguientemente una pérdida de competitividad.

Inflación de costos

La alta inflación puede inducir a los empleados a la demanda de un rápido aumento de salarios para mantenerse al día con los precios al consumidor. En el caso de la negociación colectiva, el crecimiento salarial se establecerá en función de las expectativas inflacionarias, que será mayor cuando la inflación es alta. Esto puede provocar una espiral de salarios. En cierto sentido, la inflación puede generar una situación de inestabilidad que se retroalimenta: la inflación genera expectativas de más inflación, lo que engendra a su vez una mayor inflación.

Acaparamiento

La gente tiende a comprar productos duraderos y no perecederos para evitar en parte las pérdidas esperadas de la disminución del poder adquisitivo de la moneda.

Malestar social y revueltas

La inflación alta puede conducir a manifestaciones masivas si produce un encarecimiento relativo del coste de la vida. Por ejemplo, la inflación de alimentos en particular es considerado como uno de los principales motivos de la revolución de 2010-2011 en Túnez y la revolución egipcia de 2011 de acuerdo con muchos analistas, incluyendo a Robert Zoellick, presidente del Banco Mundial. El presidente tunecino Zine El Abidine Ben Ali fue derrocado, el presidente egipcio Hosni Mubarak fue expulsado después de 18 días de manifestaciones y protestas. El malestar pronto se extendió a muchos países del norte de África y Medio Oriente.

Hiperinflación

Si la inflación se torna fuera de control (en aumento), puede interferir gravemente con el funcionamiento normal de la economía, afectando su capacidad de producir y distribuir bienes. La hiperinflación puede llevar al abandono de la utilización de la moneda como medio de intercambio de bienes, derivando en las ineficiencias del trueque.

Ineficiencia en la asignación

Un cambio en la oferta o demanda de un bien normalmente modificará que su precio, señalando a los compradores y vendedores que deben reasignar los recursos en respuesta a las nuevas condiciones del mercado. Cuando los precios son inestables y cambian marcadamente debido a la inflación, los cambios de precios debido a las señales de oferta/demanda son difíciles de distinguir de los cambios de precios debido a la inflación general. El resultado es una pérdida de eficiencia asignativa.

Ciclos económicos

De acuerdo con la teoría austriaca del ciclo económico, la inflación pone en marcha el ciclo económico. Los economistas austriacos sostienen que este es el efecto más dañino de la inflación. Según la teoría austriaca, las tasas de interés artificialmente bajas y el aumento asociado de la oferta monetaria conducen préstamos imprudentes altamete especulativas, lo que incrementa la probabilidad de malas inversiones, que a largo plazo resultan ser insostenibles.

Efectos positivos

Mercado de trabajo-ajustes

Los keynesianos creen que los salarios nominales son rápidos para subir, pero lentos para ajustarse hacia la baja. Si los salarios están sobrevaluados, estada diferencia de velocidad de ajuste conducir a un desequilibrio prolongado, generando altas tasas de desempleo. Dado que la inflación sería menor que el salario real si los salarios nominales se mantuviera constantes, los keynesianos argumentan que un poco de inflación es buena para la economía ya que permitiría a los mercados de trabajo alcanzar un equilibrio con mayor rapidez.

Margen de maniobra

Las herramientas principales para el control de la oferta de dinero son la capacidad de fijar la tasa de descuento, la tasa a la cual los bancos pueden pedir prestado al banco central, y las operaciones de mercado abierto que son las intervenciones del banco central en el mercado de bonos con el objetivo de afectar las tasas de interés nominales. Si una economía se encuentra en una recesión con un interés nominal bajo, entonces el banco encuentra límites para reducir las tasas aún más con el fin de estimular la economía (ya que las tasas negativas de interés nominal son imposible). Esta situación se conoce como un trampa de liquidez. Un nivel moderado de la inflación tiende a garantizar que las tasas nominales de interés se mantengan bastante por encima de cero, de modo que, si surge la necesidad, el banco puede reducir la tasa de interés nominal.

Crecimiento e inversión productiva

La experiencia concreta de países concretos parece indicar que una inflación alta es compatible con el crecimiento económico rápido. En las décadas de 1960 y 1970, Brasil presentó una tasa media de inflación del 42%, pero fue una de las economías que más rápidamente crecieron en el mundo, y su renta per cápita aumentó un 4,5% anual.[4] Durante el mismo período, los ingresos per cápita de Corea del Sur crecían el 7% anual, pese a una tasa media de casi el 20%.[4]

Existen varias explicaciones de esto, entre ellas está que con una inflación elevada la rendibilidad neta de las inversiones financieras, que es igual al interés nominal menos la inflación, decae mucho y en esas circunstancias la inversión no financiera en la economía productiva es más atractiva. Por si fuera poco las políticas antiinflacionistas pueden ser perjudiciales par la economía. Desde 1996, Brasil tras padecer una hiperflación empezó a controlar subiendo los tipos de interés efectivos hasta el 10-12% (cifra entre las mayores del mundo), la inflación cayó al 7,1% pero también se resintió el crecimiento que no pasó del 1,3%.[4]

También Sudáfrica tuvo una experiencia similar en 1994, cuando empezó a dar prioridad absoluta al control de la inflación y elevó los tipos de interés a los niveles brasileños.

Métodos de reducción de la inflación

Se han usado y sugerido diferentes métodos para detener la inflación. En casi todo el mundo, se ha impuesto la política de control de la inflación, a pesar de que no existen pruebas de que resulte dañina por debajo del 8-10%[5] o incluso el 20 o 40% según otros estudios[6] . De hecho la priorización de medidas antiinflacionistas severas produjo efectos adversos en Sudáfrica (1994) y Brasil (1996).[4] Economistas institucionalistas como Ha-Joon Chang han señalado que los partidarios del neoliberalismo han aprovechado el miedo justificado a la hiperinflación para impulsar políticas antiinflacionistas excesivas (dados los niveles de inflación en muchos lugares donde se han impulsado). El hincapié neoliberal en la reducción de la inflación se justifica a que los activos financieros tienen tasas de rentabilidad fijadas de modo nominal, por lo que la inflación reduce la rentabilidad real, algo que perjudica a los inversores financieros, pero no tanto a la población general.

Políticas monetarias

Hoy en día, la herramienta principal para controlar la inflación es la política monetaria. Los bancos centrales pueden influir significativamente en este sentido fijando una tasa de interés más alta y reduciendo la masa monetaria. Normalmente a un objetivo de tasa de alrededor del 2% a 3% anual, y dentro de un rango objetivo de baja inflación, en algún lugar entre el 2% al 6% anual.

Hay una serie de métodos que han sido sugeridas para controlar la inflación. Los bancos centrales como la Reserva Federal de EE.UU. pueden afectar la inflación en gran medida a través de las tasas de interés y ajuste a través de otras operaciones. Las tasas de interés y crecimiento lento de la oferta monetaria son las formas tradicionales a través del cual los bancos centrales combaten o previenen la inflación, a pesar de que tienen diferentes enfoques. Por ejemplo, algunos persiguen un objetivo de inflación simétrico, mientras que otros sólo controlan la inflación cuando se eleva por encima de un umbral aceptable.

Las políticas monetaristas enfatizan una tasa de crecimiento del dinero constante y moderada. Los keynesianos hacen hincapié en la reducción de la demanda agregada durante la expansión económica y el aumento de la demanda durante las recesiones para mantener la inflación estable. El control de la demanda agregada se puede lograr combinando la política monetaria y la política fiscal (aumento de los impuestos o reducción del gasto público para reducir la demanda).

Tipo de cambio fijo

Bajo un régimen de cambio de divisas fijo, el valor de la moneda de un país queda vinculado al valor de otra moneda o una canasta de otras monedas (o, a veces a otra medida de valor, como el oro u otros comodities). Un tipo de cambio fijo se utiliza generalmente para estabilizar el valor de una moneda, vinculándolo a otra moneda más estable. Puede ser utilizado como un medio para controlar la inflación. Sin embargo, cuando el valor de la moneda de referencia sube o baja, lo mismo ocurre con la moneda vinculada. Esto esencialmente significa que la tasa de inflación en el país, tipo de cambio fijo se determina por la tasa de inflación de la moneda a la que se vincula.

Un tipo de cambio fijo impide que un gobierno utilice la política monetaria nacional a fin de lograr la estabilidad macroeconómica. Adicionalmente, puede exponer a los países al peligro de ataques especulativos.

Con el acuerdo Bretton Woods, la mayoría de los países usaba tasas fijas al valor del dólar de EE.UU. El acuerdo se rompió en la década de 1970, y los países poco a poco se volcaron a tipos de cambio flotantes. Sin embargo, en la última parte del siglo 20, algunos países que sufrieron procesos hiperinflacionarios volvieron temporalmente a un tipo de cambio fijo para estabilizar sus monedas. Esta política se utilizó en muchos países de América del Sur (por ejemplo, Argentina (1991-2002), Bolivia, Brasil y Chile).

Patrón oro

El patrón oro es un sistema monetario en el que los medios de intecambio de bienes y servicios es papel-moneda que puede ser convertida libremente en cantidades de oro preestablecidas (u otras mercancías con valor de mercado como por ejemplo, plata). El patrón especifica de qué forma el respaldo en oro se lleva a cabo, incluyendo la cantidad de especie por cada unidad de papel moneda. La propia moneda no tiene valor intrínseco, sino que es aceptada por los comerciantes, ya que pueden ser redimidos por la cantidad en especie equivalente. Un certificado de plata EE.UU., por ejemplo, podría ser canjeados por una verdadera pieza de plata.

El patrón oro fue abandonado parcialmente a través de la adopción internacional del sistema de Bretton Woods. Bajo este sistema todas las demás monedas importantes fueron atados a tasa fija con el dólar, que a su vez estaba atado al oro a razón de 35 dólares por onza. El sistema de Bretton Woods se rompió en 1971, y la mayoría de los países empezaron a utilizar tasas flotantes entre el papel moneda y el respaldado.

Las economías basadas en el patrón oro rara vez experimentan una inflación por encima del 2 por ciento anual. Bajo el patrón oro, la tasa de largo plazo de la inflación (o deflación) queda determinada por la tasa de crecimiento de la oferta de oro en relación con la producción total. Los críticos argumentan que esto puede provocar fluctuaciones arbitrarias en la tasa de inflación, y que la política monetaria quedaría fijada esencialmente por las políticas de minería.

Algunos autores creen que esta política contribuyó a la Gran Depresión, mientras que otras teorías, como la monetarista y la austríaca, disienten. Las hipótesis sobre las causas de la Gran Depresión son motivo de controversia.

Control de precios

Otro método utilizado a lo largo de la historia para intentar frenar la inflación es el control sobre los salarios y sobre los precios. Este método fue implantado, por ejemplo, por el gobierno de Nixon al principio de la década de 1970 con resultados negativos.

En general, la mayor parte de los economistas coinciden en afirmar que los controles de precios no alcanzan sus objetivos de estabilidad de precios y son contraproducentes pues distorsionan el funcionamiento de una economía, promueven la escasez de productos y servicios y disminuyen su calidad, entre otros efectos.

Otro problema es que el control de precios y salarios es difícil en la práctica y requiere demasiados recursos de inspección y sanción para que dichos controles no sean burlados por los agentes económicos. A su vez, la imposibilidad de aumentar los precios en un período de aumento de los costos de producción provoca escasez de bienes y servicios. Los gobiernos frecuentemente intentan remediar la escasez mediante subsidios a los bienes y servicios que perdieron rentabilidad por el incremento de costos y precios fijos. La necesidad creciente de financiar mayores recursos en subsidios, regulaciones, inspección y sanción generan una necesidad de expansión del crédito y el gasto público y, por ende, una necesidad de incrementar la emisión monetaria para financiar esa expansión, agravando la inflación.

Proceso hiperinflacionario

Cuando la inflación desborda toda posibilidad de control y planeamiento económico, se desata lo que se conoce como proceso hiperinflacionario, en el cual la moneda pierde su propiedad de reserva de valor y de unidad de medida. Es un proceso de destrucción de la moneda. Se desata la estanflación (inflación con estancamiento económico), y se hace imposible el cálculo y planeamiento económico, lo cual lleva a destruir la economía. Entre los procesos hiperinflacionarios más estudiados en el mundo[cita requerida] se encuentra el caso alemán, el caso argentino, el caso ruso y americano.

¿Cuáles son las causas de la inflación?

En medio de una crisis económica que afecta a las naciones más poderosas del mundo, **la inflación surge como uno de los fenómenos más previsibles, pero a su vez, uno de los más difíciles de controlar.**

Decimos que hay inflación cuando progresivamente comienza a subir el costo de vida, o en otras palabras, cuando el dinero pierde poder adquisitivo. Para diferenciar los usos del término, un aumento en la oferta de dinero es ocasionalmente llamado inflación monetaria. La subida de precios puede ser designada por el término general inflación o, para diferenciar con mayor claridad los dos usos, inflación de los precios.

Repasemos las dos teorías más importantes que explican las causas que provocan inflación:

- *Teoría monetarista:* los precios subirán si el agregado de suministro de bienes baja en relación a la demanda agregada por dichos bienes. Siguiendo esta teoría *la demanda agregada está basada principalmente en el monto total de dinero existente en una economía*, lo que se traduce en que **al incrementarse la masa monetaria, la demanda de bienes aumenta** y si esta no viene acompañada de un incremento en la oferta, la inflación surge.

- *Teoría keynesiana:* los cambios en la oferta monetaria no afectan los precios de forma directa sino indirecta a través de otros procesos económicos: **la inflación aparece como el producto de esos procesos económicos expresándose en los precios. Esta hipótesis desarrolla tres variables** que argumentan la subida de precios, además claro está, del exceso de emisión monetaria, veamos:

1. **Inflación de demanda:** la demanda de bienes y servicios de una economía es mayor a la oferta de los mismos. Es decir, cuando la capacidad productiva (oferta de bienes) no puede aumentar al mismo ritmo con el que crece la demanda de bienes.
2. **Inflación de costos:** dado que el precio final de bienes y servicios está íntimamente relacionado con los costos incurridos en su producción, un aumento en los costos generará un aumento del precio final de los mismos.
3. **Inflación autoconstruidas:** se trata de inflación inducida por expectativas adaptativas, a menudo relacionadas con una espiral de ajustes de la relación precios-salarios. Se produce cuando trabajadores tratan de mantener sus salarios por encima de los precios (por encima del índice de inflación) para compensar las expectativas inflacionarias a futuro en base a la inflación del presente, y las empresas trasladan esta suba de costos laborales a sus consumidores a través de la suba de precios, originando un círculo vicioso de inflación.

Todos los países del mundo, en mayor o menor escala han experimentado en la segunda mitad del siglo anterior un proceso inflacionario. Esta patología produce costos sociales y económicos elevados, lo suficiente como para demostrar la importancia de este tema.

Efecto cíclico de la inflación año tras año.

El comportamiento de los agentes económicos de un país, tienen su reflejo en las curvas de oferta y demanda de esa economía.

Hablamos curvas de oferta y demanda agregadas porque en ambos índices aparecen sumadas o agregadas las ofertas y demandas individuales de todos los agentes económicos que operan en el país, tanto nacionales como extranjeros. Estas variables no explican como funciona un mercado aislado, como sí lo hacían las curvas de oferta y demanda individuales, sino cómo funciona la economía en su conjunto.

¿Qué es la demanda agregada (DA)?

Dado un nivel de precios, la demanda agregada **representa el gasto total que están dispuestos a realizar los agentes económicos**, ya sean nacionales o extranjeros, en el interior del país. Por tanto, agrega las siguientes magnitudes: el consumo de las familias o consumo privado (C), la inversión empresarial (I), el gasto público (G) y el saldo neto de exportaciones expresado como la diferencia entre las exportaciones brutas y las importaciones (X – M).

$$DA = C + I + G + (X - M)$$

La demanda agregada es, por tanto, el gasto total que para un nivel de precios concreto realizan en una economía las familias, las empresas, el sector público y los extranjeros. Por otra parte, la representación gráfica de la demanda agregada se conoce con el nombre de **curva de demanda agregada** y muestra las distintas cantidades de producto que los agentes económicos están dispuestos a adquirir a cada nivel de precios.

Al igual que ocurría con la demanda individual, la demanda agregada aumenta a medida que bajan los precios, y viceversa. Por otra parte, al aumentar el nivel medio de precios, disminuirá la demanda agregada, puesto que se reduce la cantidad de bienes y servicios que se pueden adquirir con el mismo dinero.

Como podemos observar, **los precios son la principal variable que determina lo que demandan los agentes económicos**, aunque no la única. Otros factores condicionantes son la cantidad de dinero que circula por la economía, los impuestos establecidos por el sector público o el nivel de renta de los agentes económicos.

¿Qué es la oferta agregada (OA)?

La oferta agregada describe **la producción que estarían dispuestas a vender las empresas** dado un nivel medio de precios, unos determinados costes de producción y unas expectativas empresariales. En general, las empresas desearán vender todo lo que producen a los precios más elevados posibles. Sin embargo, tanto los costes de producción como las expectativas empresariales juegan un papel importante.

Ya en una ocasión, cuando describimos la oferta individual, explicamos estos tres factores condicionantes. Sin embargo, en este caso los repasaremos en **clave macroeconómica**:

- **El nivel medio de precios.** Cuando los precios suben, los beneficios tenderán a aumentar; mientras que ocurrirá lo contrario cuando los precios disminuyan. Sin embargo, unos precios bajos podrían incrementar la demanda agregada y, con ello, los beneficios empresariales, por lo que estudiar cuál es el precio adecuado se convierte en una tarea esencial en las empresas. De esta forma, el nivel de precios es la variable que más afecta el comportamiento de la oferta agregada.

- **Los costes de producción.** Los costes de producción son la suma del coste de los factores de producción y del coste de la combinación de estos factores, esto es, del coste de la tecnología empleada. Como sabemos, el beneficio empresarial se calcula como la diferencia entre los ingresos y los gastos. Por tanto, al aumentar el precio de los recursos empleados o de la tecnología, los beneficios empresariales tienden a disminuir y, por tanto, la oferta agregada se reduce. Del mismo modo, cuando estos costes de producción disminuyen el efecto es justo el contrario.

- **Las expectativas empresariales.** La oferta agregada también depende de las expectativas sobre una economía, lo cual a su vez condiciona los objetivos empresariales. Por ejemplo, cuando la coyuntura económica es favorable en un país, las empresas aumentan su inversión. Mientras tanto, ante una crisis económica o conflictos políticos y sociales, la confianza de las empresas se reduce y con ello disminuye la oferta agregada.

La curva que representa gráficamente la oferta agregada se denomina **curva de la oferta agregada** y muestra las distintas cantidades de producción que los agentes económicos están dispuestos a adquirir a cada nivel de precios.

Crisis y Especulación

Especular es una de las características esenciales del ser humano. A diferencia del resto de las especies, los humanos no vivimos sólo *en el presente* pues **tenemos la capacidad para inventar el futuro que queremos**. Es lo que hacemos cuando analizamos diversos hechos del pasado y los proyectamos hacia adelante en múltiples escenarios. En estas acciones, especulamos. Tal como ha especulado aquel que compró hace tres meses las entradas para el partido de esta tarde, esperando venderlas al doble o al triple de su precio pocas horas antes de su inicio.

También en Dubai muchos, como Brad Pitt, invirtieron en el departamento en el piso 40 de un edificio que aún no se construye, **con la esperanza de venderlo al doble de su valor una vez que estuviera terminado**. Especular es parte del sistema. Y no hay problema en la especulación cotidiana, en aquella en que cada cual corre su propio riesgo. El problema está cuando la especulación se convierte en forma de vida, cuando se institucionaliza a gran escala, **cuando se apuesta con el dinero de otros** como lo hacen las administradoras de los fondos de pensiones que mueven miles de millones de dólares.

Nadie niega a estas alturas que gran parte de la crisis es consecuencia de la especulación financiera, y cómo esta especulación a gran escala, que continúa como la más importante actividad del sistema, está generando una nueva burbuja. Son los billones de dólares que se desplazan buscando el *spread* o diferencial de ganancia entre la tasa cercana al 0% de la Fed y la de 3,5% de Australia o la de 8,7% de Brasil, por ejemplo.

En 1972, el economista James Tobin, al detectar que el sistema financiero quedó sin una base real tras el término de los acuerdos de Bretton-Woods por Nixon, propuso un leve impuesto para las transacciones que fueran meramente especulativas. En el fervor del establecimiento de las corrientes monetaristas de esa época, la idea fue rechazada de plano. Y siguió siendo una idea descabellada durante más de treinta años.

Sin embargo la idea ha ido tomando fuerza en los últimos meses y si bien Gordon Brown, cuando la propuso en la cumbre de Saint Andrews, a principios de mes, recibió el inmediato rechazo de Timothy Geithner, Brasil y Corea comenzaron a aplicar un impuesto del 2% y 1,5% a los capitales especulativos que sólo apuestan a la ganancia fácil.

Este tema ocupa gran parte del debate actual. Y hasta Paul Krugman, que rechazaba la idea hasta hace unos meses, se ha mostrado partidario de su aplicación. Así lo señala en un artículo de The New York Times:

Un impuesto a las transacciones financieras especulativas, al rechazar la dependencia de la ultrafinanciación de corto plazo, habría puesto un freno a la burbuja… Este impuesto habría ayudado a evitar la crisis actual, y su aplicación podría ayudarnos a evitar repetirla en el futuro.

Es evidente que la aplicación de la tasa Tobin no va a resolver todos los problemas. Pero constituiría un freno a un mercado que tiende a crear burbujas que cuando estallan generan un gran caos mundial.

La especulación tal y como se define es:

Efectuar operaciones comerciales o financieras, con la **esperanza de obtener beneficios** basados en las variaciones de los precios o de los cambios.

Sin entrar en debates semánticos abstractos, cualquier tipo de impuesto que se aplique en nuestro ordenamiento jurídico tiene que contener un "hecho imponible" para poder aplicar esa tasa. El "hecho imponible" se define como el presupuesto fijado por la Ley para configurar cada tributo y cuya realización **origina el nacimiento de la obligación tributaria principal**.

Si la propia definición de especulación implica la obtención de un beneficio futuro, **no se puede volver a gravar el mismo hecho imponible dos veces** tal y como dice la <u>Ley General Tributaria</u>, dado que esos beneficios ya son gravados por los mismos impuestos directos que existen en nuestro mapa tributario. El estado podría recurrir a fórmulas impositivas como son la tasa, que no tendría cabia porque requiere la contraprestación de un servicio, voluntario o no. Es mucho más simple subir los impuestos directos como vía para gravar la especulación en todos los aspectos económicos.

El mercantilismo implica especulación, tanto a nivel de productos o servicios dentro del tejido productivo como en el sistema financiero. Culpar a la especulación de la burbuja financiera es tanto como culpar a cada una de las actuaciones que se llevan a cabo dentro del propio tráfico mercantil sin distinción de clases. Tan especulador es el que cambia de trabajo para mejorar su sueldo como AIG o Lehman. La única diferencia es que cada uno especula al nivel de sus posibilidades.

Cualquier obtención de beneficio por parte de un agente económico implica un movimiento especulatorio. Este movimiento de alza de precios o búsqueda del beneficio es lícito y no se puede penalizar mediante criterios arbitrarios de velocidad de obtención de beneficios o de cuantía. Las propias "penalizaciones" que se piden ya existen vía impuestos directos y tan lícito es ganar dinero con las variaciones de los tipos de interés de los distintos paises como por la introducción de un margen comercial del 20%.

En ambos casos se asume el riesgo y por tanto, especulación y riesgo deben ir unidas de la mano. Por este mismo motivo, **nunca se debe acudir al rescate** de las operaciones fallidas del sistema financiero o de la empresas que pierde dinero por sus movimientos especulativos, ayundándolas vía subvenciones.

EFECTOS DE LA INFLACIÓN

La gama de los *efectos de la inflación* es muy amplia, afectando a muy variados sectores y aspectos de la vida económico-social:

Efecto Sobre los Precios

El efecto más inmediato y primordial de la inflación es la *elevación progresiva del nivel general de precios*. Sobre esta subida hay que decir que se trata no de una subida absoluta del nivel general de precios, sino de una variación de los *precios relativos*. Es decir, que no todos los precios suben en la misma proporción y a la vez, sino que hay precios que suben mucho y rápidamente, otros menos y lentamente, y algunos incluso no suben, o suben con retardo. Podemos citar dos *causas* por las que ocurre esto. Una es la *diferente elasticidad* que presentan las ofertas y demandas de los bienes en el mercado, y ya sabemos cómo esto influye en que los precios suban más o menos al modificarse los datos del mercado —demanda y oferta—. Otra razón es que *algunos precios están sujetos a cláusulas contractuales* a medio e incluso largo plazo, mientras que *otros son sensibles inmediatamente a las variaciones del mercado.*

El hecho de que no todos los precios suben en la misma proporción tiene a su vez una consecuencia importantísima, tanto desde el punto de vista puramente económico como desde el punto de vista social, a saber, una redistribución de la Renta Nacional, e incluso a veces del capital social. La inflación perjudica a unos sectores sociales y no perjudica, e incluso beneficia positivamente a otros. Con una valoración ética diremos que el criterio de redistribución de la Renta Nacional producida por la inflación no responde naturalmente a ninguna exigencia de la justicia.

Efectos en la Redistribución de la Renta

1. La *retribución del trabajo* suele tener normalmente el carácter de fija y señalada contractualmente, de aquí que sea rígida o poco flexible. Mientras que los precios de las subsistencias son sensibles a la presión inflacionista, los salarios cuando suben lo hacen lentamente y con retraso. La expresión gráfica que nos recoge es la conocida de que con la inflación los precios suben por el ascensor y los salarios por la escalera. Esto quiere decir que el poder adquisitivo real de las rentas del trabajo es cada vez menor, con lo que el sector laboral tendrá acceso a una cada vez menor parte del Producto Social del país, lo cual es un verdadero ahorro forzoso, no de carácter monetario —ya que consumen su renta monetaria— pero sí de carácter real.

En cambio, como norma general y tomando en su conjunto, *él sector empresarial,* cuyas rentas son diferidas y aleatorias, suele salir beneficiado del proceso inflacionario, ya que sus ingresos son más sensibles al alza que sus costos, en los que pesa de manera especial la retribución del trabajo.

La acción sindical y las escalas móviles de salarios pueden atenuar el *efecto confiscatorio de la inflación sobre la población asalariada,* pero hay que tener en cuenta que siempre se darán trabajadores en sentido amplio a los que no llegará la protección sindical o no gozarán de movilidad en sus salarios. Téngase en cuenta que si la inflación se debe a que se quiere absorber más producción de la existente, si algún o algunos sectores económicos han conseguido de hecho un incremento en su participación en el Producto Social, otros tendrán que ver disminuida la suya.

2. Otros grupos sociales de rentas muy poco flexibles son las *clases pasivas,* pensionistas de toda clase y aun los mismos capitalistas pasivos, o sea, aquellos que han prestado su capital a interés fijo. Todos estos ven que *sus ingresos tienen cada vez menor poder real de compra* por lo que cada vez es menor la parte del Producto Social a la que tienen acceso.

3. En las *operaciones de préstamo,* si entre el momento inicial y el del pago de la deuda se ha producido una inflación, teniendo en cuenta que, por regla general, los contratos se liquidan nominalmente, vemos que *el deudor sale beneficiado a costa del acreedor,* ya que éste —prescindiendo del perjuicio que recibe a causa del menor valor real de los intereses que ha ido percibiendo— al recibir al principal del préstamo recibe nominalmente la misma cantidad de unidades monetarias que prestó, pero con un valor real menor. El deudor que recibió una moneda determinada entrega otra devaluada, con lo que, si invirtió el dinero en un activo menos líquido pero de valor intrínseco, el beneficio por él obtenido a costa del acreedor es evidente. Este es el caso no sólo de los préstamos entre particulares, sino el de las obligaciones industriales, y en las que al ser el plazo de amortización de cierta amplitud, no es difícil que se vean afectados por una inflación.

4. Un caso particular del punto anterior, pero que por su intensidad tiene una importancia especial que le hace acreedora de mención especial, es el de la *Deuda Pública. El Estado,* gran deudor respecto de los poseedores de los fondos públicos, *sale notablemente beneficiado con la inflación* a través de la cual ve que su deuda se va volatilizando, mientras que esos poseedores, que nominalmente siguen siendo propietarios del mismo capital, se van arruinando a medida que éste vale cada vez menos en términos de poder adquisitivo.

5. Aun cuando jurídicamente no se trate de un préstamo hay otro contrato corriente en la vida económica en el que los resultados son parecidos a los anteriores. Nos referimos a los *depósitos bancarios.* También aquí el depositario, la entidad bancaria o similar, en el momento de resolver el contrato, en el momento en el que el depositante exige el reintegro de su depósito, aquél se liquida nominalmente, y si se ha producido un proceso inflacionario, *el*

depositante recibe unidades monetarias depreciadas respecto a las que él depositó. Si la institución bancaria adquirió activos menos líquidos de valor intrínseco —por ejemplo, acciones— el beneficio es claro para ella. La forma más extendida para amplios sectores sociales, normalmente las clases económicamente más débiles, de materializar los activos obtenidos por medio de ahorro es precisamente la de los depósitos bancarios, sobre todo a plazo, de aquí que la inflación afecte sensible y perjudicialmente al ahorrador modesto.

6. Un contrato de *seguros* puede dar también lugar a un perjuicio con ocasión de la inflación. El asegurado que ha pagado las primas en moneda de cierto valor, recibirá la cantidad estipulada, por ejemplo, en un seguro de vida, en moneda devaluada, si se ha producido la depreciación del signo monetario. Todo *el proceso favorecerá a la compañía aseguradora* si adquirió activos cuyo valor aumentaba a medida que el dinero valía menos.

7. Como consecuencia de una *disposición legal,* ciertos *precios* pueden quedar de tal forma *congelados* que algunos grupos sociales pueden quedar afectados negativamente, y otros favorablemente, incluso durante largos períodos de tiempo. Esto puede ocurrir, por ejemplo, con las rentas de las fincas urbanas o rústicas, cuya congelación supone una redistribución del sector propietario al sector inquilino, redistribución que incluso puede afectar al mismo capital si los cuerpos legales obligan a aplicar un precio que sea la capitalización de la renta, en caso de venta de la finca.

Efectos Sobre las Preferencias de Liquidez del Público

No sólo la inflación ya en marcha, sino las meras expectativas de la misma, hacen que *disminuya la preferencia de liquidez del público.* No interesa mantener el patrimonio en forma líquida cuando el dinero va a valer menos, o, dicha la misma cosa de otra forma, si se espera que van a subir los precios de los bienes o valores; la gente decidirá adquirir hoy esos bienes antes de que se produzca la subida. Que disminuye la preferencia de liquidez es lo mismo que afirmar que A*umenta la velocidad de circulación del dinero,* y como ésta es uno de los componentes de la *corriente monetaria* —que es la que provoca la demanda— vemos que este aspecto que estamos considerando *agrava el proceso inflacionario.*

El que tiene unos medios de pago líquidos quiere deshacerse de ellos y adquiere algo que tenga valor intrínseco, pero el que recibió aquel dinero se encuentra en el mismo caso y trata de comprar otra cosa, y así sucesivamente, pudiéndose llegar, en casos extremos, a la situación que los anglosajones llaman del «dinero que quema las manos», en la que por desconfianza en el futuro del valor del dinero se provocan situaciones de inflación galopante.

Ya se comprende que un clima de inflación es el más idóneo para la proliferación de la especulación, y ésta puede alcanzar tal desarrollo que sea una causa más de la agravación del proceso, a través precisamente de la mayor velocidad de giro del dinero y la mayor demanda de bienes.

Efectos Sobre la Estructura Productiva

La estructura productiva del país queda afectada por la inflación desde dos puntos de vista. En primer lugar, al predominar la demanda sobre la oferta, toda la producción del país queda absorbida con creces por la demanda, con lo cual desaparecerá el estímulo necesario para afinar precios y calidad, y ésta queda perjudicada. En segundo lugar, la demanda está alterada tanto cuantitativa como cualitativamente, y en un sistema económico en el que se produce lo que se demanda eficazmente en el mercado, la orientación de las nuevas inversiones quedará adulterada con respecto a la que se daría en una ordenación más ortodoxa de la vida económica. Se crearán empresas que se dedicarán a producir lo que se demanda anormalmente, con lo que cuando desaparezca el ambiente anormal y las aguas vuelvan a su cauce, tendrán que liquidarse algunas que sólo podían vivir en el clima artificial inflacionista, lo cual no sólo supone una pérdida para las mismas, sino además un despilfarro de recursos, con lo que toda la economía se resiente. Además de esto, al desarticularse la estructura de los precios se dificulta el cálculo racional de costos; la valorización de inventarios y la fijación de las amortizaciones se ven sometidos a cálculos más o menos adulterados que dan como consecuencia resultados un tanto arbitrarios.

Efectos Sobre el Desempleo

Entre los poquísimos efectos favorables que hay que anotar en el haber de la inflación hay que citar la *absorción del paro.* Ya hemos visto cómo, según la explicación coyunturalista, mientras haya paro no se inicia el proceso inflacionista, ya que los incrementos de demanda se compensan con los incrementos de la oferta, gracias a los factores que entran a producir. Y no sólo con la inflación desaparece el paro, sino que se produce una situación de *superempleo,* en la que amplios sectores de mano de obra también trabajan horas extraordinarias. Por una parte los empresarios al no encontrar nuevos trabajadores están dispuestos a pagar esas horas extraordinarias, y por otra los trabajadores, que ven disminuidos sus salarios reales, desean incrementar sus salarios monetarios. De todas formas ya veremos en el capítulo siguiente cómo la realidad de nuestros días ha desmentido en no poca medida esta pretendida incompatibilidad entre la inflación y el paro.

Efectos Sobre el Ahorro

Un efecto interesante de la inflación, por las consecuencias que acarrea a largo plazo, es que con ella *disminuye el ahorro voluntario de los particulares.* Estos experimentan dolorosamente que, después de haberse sacrificado reduciendo su consumo, al mantener —como lo hacen sectores extensos de la población— la renta ahorrada en forma de activos muy líquidos —dinero, depósitos bancarios y tal vez valores de renta fija—, cada vez vale menos lo que con esfuerzo han ido amontonando. La comprobación de que la inflación va erosionando implacablemente la renta ahorrada desanima al público a continuar ahorrando.

En cambio con la inflación se provoca un *ahorro forzoso* en forma de una reducción obligada del consumo real por parte de aquellos sectores de la población cuyos ingresos monetarios permanecen constantes, o, por lo menos, no aumentan en la misma proporción en la que lo hacen los precios. Si ahorrar es no consumir, la reducción del consumo se obtiene lo mismo a través de emplear a precios constantes menos renta en adquirir bienes de consumo, o gastando la misma renta con precios más elevados.

En el mercado de capitales la demanda del público se dirige preferentemente hacia los valores de renta variable, que, por representar un título de propiedad sobre el patrimonio de una empresa, gozan de la misma propiedad que los bienes de valor intrínseco. Además, en épocas inflacionarias, las empresas suelen obtener normalmente beneficios saneados, con lo que los dividendos pueden ser elevados. Todo esto explica la demanda de acciones en Bolsa y la elevación de su cotización. En cambio, los valores de renta fija: fondos públicos y obligaciones, más bien se deprecian por el reducido atractivo que supone en épocas inflacionarias el ser acreedor a interés fijo. El perjuicio es doble: la renta permanece nominalmente constante, pero con valor real cada vez menor, y la amortización de los títulos se realiza también por su valor nominal en moneda devaluada. Claro que los efectos alcistas que sobre la cotización de los valores de renta variable tiene la inflación pueden quedar atenuados, e incluso anulados, si la inflación —por su gravedad o por su prevista evolución futura— ha deteriorado de tal manera la vida económica del país que se desconfía de la rentabilidad de las empresas en el porvenir.

Efectos Sobre La Balanza de Pagos

Respecto a las relaciones económicas con el exterior la inflación produce una evidente *deterioración de la balanza de pagos* por dos motivos. Perjudica a las exportaciones al irse encareciendo el producto nacional, e intensifica las importaciones debido a que el producto interior se ha hecho más caro relativamente al procedente de otros países. Además, al ser las importaciones —como veremos— una función creciente respecto a la Renta Nacional, al expansionarse ésta se amplían aquéllas, como se amplía el consumo del producto interior.

Las dificultades de la balanza de pagos nacidas como consecuencia del proceso inflacionario exigen como medida correctora el que el Estado devalúe la moneda nacional, por lo que podemos decir que la depreciación de la propia moneda producida por la inflación prepara el camino a la devaluación de la misma. Estas dificultades exteriores vienen agravadas por el hecho de que tal ambiente es propicio para que se produzcan fugas de capitales hacia el extranjero, buscando su colocación en divisas no expuestas a pérdidas de valor.

MEDIDA DE LA INFLACIÓN EN LOS PAÍSES COLECTIVISTAS, LAS COLAS .

En los *países colectivistas* de economía fuertemente planificada el fenómeno inflacionario no se manifiesta generalmente a través de una subida de precios, sino por medio de *escaseces generalizadas, mercados negros, asignación viciada de recursos productivos,* etc. Es decir, se trataría de las manifestaciones propias de una *inflación reprimida.* (Alguien ha dicho de forma irónica pero gráfica que, así como en los países de economía libre la intensidad de la inflación se mide por las tasas de incremento en el nivel general de precios, en los países de planificación central esa intensidad se mide por la longitud de las colas que se forman.)

Otros Efectos

Una consecuencia interesante de la inflación es la siguiente: Ya hemos visto que una de las causas que pueden provocarla o intensificarla son las inversiones. Si éstas no están compensadas por ahorro —y prescindiendo por ahora de las implicaciones que puede suponer una economía abierta— son inflacionarias. Como veremos en otro lugar, al ser el ahorro menor que la inversión, se obtiene el ahorro suplementario necesario a través del ahorro forzoso derivado de la subida de precios. Entonces tenemos que *se hacen posibles las nuevas inversiones por el ahorro forzoso de los sectores sociales perjudicados por la inflación, pero la estructura jurídica del sistema capitalista asigna la propiedad de la nueva riqueza creada al sector empresarial-capitalista,* de donde resulta que unos son los que con su sacrifico —al consumir menos— han liberado los factores productivos necesarios para la inversión y otros son los que se adueñan de la realidad creada con esa inversión. La explicación de esto reside en que lo jurídico está montado sobre el aspecto puramente monetario de todo el proceso y no sobre el aspecto real, y ya sabemos que los que ahorran forzosamente con la inflación no ahorran monetariamente, ya que gastan toda su renta, sino realmente al disminuir su consumo de bienes.

WEBGRAFIA

http://www.elblogsalmon.com/economia/el-dolar-financia-la-especulacion-mundial

http://www.indepabis.gob.ve/preguntas-frecuentes/que-es-la-especulacion

http://nguaramato.blogspot.com/2009/03/que-es-la-especulacion-y-el.html

http://es.wikipedia.org/wiki/Especulaci%C3%B3n_%28econom%C3%ADa%29

http://www.elblogsalmon.com/conceptos-de-economia/que-es-la-especulacion

http://www.elblogsalmon.com/conceptos-de-economia/que-son-la-oferta-y-la-demanda-agregadas

http://www.elblogsalmon.com/mercados-financieros/el-impuesto-a-la-especulacion-financiera

http://www.elblogsalmon.com/mercados-financieros/el-impuesto-a-la-especulacion-no-tiene-cabida-en-nuestro-sistema-tributario

http://edicion4.com.ar/e4blog/?tag=la-inflacion-inducida-sera-uno-de-los-factores-desestabilizadores-de-2011

http://es.wikipedia.org/wiki/Inflaci%C3%B3n

http://inflacion.com.co/cuales-son-las-causas-de-la-inflacion.html

PARA UNA SOCIEDAD VERDADERAMENTE HUMANA E INCLUYENTE, NO SE PUEDE HACER SOCIALISMO DESDE ARRIBA

El Fundamento Teórico del Marxismo-leninismo es la lucha de clases, la toma del poder por la clase obrera y trabajadora, y la destrucción del viejo aparato burgués, donde se traspasa la propiedad sobre todos los Medios Productivos de la Sociedad, a Propiedad Social Socialista, controlados y administrados por el Estado a partir del Poder Soberano que el pueblo le otorga a este Órgano de Gobierno.

Por lo tanto, una Formación Económico Social (FES) se distingue de otra, por la relación que exista en la sociedad respecto a los Medios Productivos.

La Historia se encargó de demostrar que el socialismo clásico e impuesto a los pueblos, a pesar de ser viable por un tiempo, a la larga se constituye en un freno del propio desarrollo de las Fuerzas Productivas de la Sociedad, al eliminar la competencia, violentar las leyes naturales del mercado, la iniciativa privada y las libres manifestaciones del desarrollo personal junto con las individualidades, al imponer la voluntad del Estado a la de los individuos, traspasándosele, a su vez, al Estado una carga de tareas y funciones para lo cual este órgano de Poder no está preparado ni tiene capacidad de asimilar, debido a la gran cantidad de Ramas y Sectores, así como renglones productivos y sociales que existen dentro de la economía y la sociedad de un país, lo cual da al traste con el propio desarrollo que se requiere, y al manifestarse en las altas esferas de Poder y la sociedad, las tendencias burocráticas y la corrupción, lo que trae consigo el incumplimiento y violación de sus propias leyes, lo que hace que el Gobierno comience a tiranizar a la sociedad, en aras de justificar su mala administración. El nuevo socialismo que se construya (llámesele por cualquier nombre) debe ser incluyente con todos los sectores de la sociedad, ser participativo, y permitir la coexistencia de diferentes tipos de propiedad en un mismo entorno político-social y deberá ir atrayendo poco a poco a la sociedad a formas equitativas de producción, distribución y consumo, pasando primeramente por un período de tránsito más o menos prolongado, donde el Partido y las Comunidades juegan un papel esencial para el trabajo político-ideológico, en la lucha de ideas, al ser estas organizaciones políticas y de masas, la vía para recibir y trasmitir información entre los diferentes niveles de la sociedad y como forma de retroalimentación de los Órganos del Estado.

De crear o producir, el nuevo socialismo, cambios radicales en la sociedad, mediante el uso de métodos autoritarios y totalitaristas y la violencia, estaríamos en presencia de un nuevo ciclo del socialismo clásico que existió en la URSS y del cual ya conocemos su final.

Por esta razón, Marx sostenía que el socialismo nunca podía ser entregado a la gente desde arriba, debía ser el fruto del propio trabajo de la clase trabajadora. Una sociedad dominada por un Estado todo poderoso no genera seres humanos aptos para instaurar el socialismo. Por la misma razón, el socialismo no es populismo. Un Estado que provee los recursos y las soluciones a todos los problemas de la gente no fomenta el desarrollo de las capacidades humanas, al contrario, estimula a la gente a tener una actitud pasiva de esperar del Estado y de los líderes que prometen dar siempre respuesta a todos sus problemas. Además, el socialismo tampoco es totalitarismo. Precisamente porque los seres humanos son diferentes y tienen diferentes necesidades y habilidades, su desarrollo por definición requiere del reconocimiento y respeto de las diferencias. Las presiones del Estado o las de la comunidad para homogeneizar las actividades productivas, las alternativas de consumo o estilos de vida, no pueden ser la base para que surja lo que Marx reconocía como la unidad basada en el reconocimiento de las diferencias. También tenemos que reconocer que el socialismo no trata de mantener un culto por la tecnología, esta fue una enfermedad que representó un flagelo para el marxismo, en la Unión Soviética se manifestó como minas y fábricas inmensas, que supuestamente capturaban los beneficios de la economía de escala. Tenemos que reconocer que las empresas pequeñas (PAYME) permiten más control democrático desde abajo (desarrollando así las capacidades de los productores) logrando una preservación más adecuada del ambiente que realmente será funcional a la hora de atender las necesidades del pueblo. Podemos aprender de las experiencias aleccionadoras del siglo XX. Ahora sabemos que el deseo de desarrollar una sociedad que sirve al pueblo no es suficiente —hay que estar dispuesto acabar con la lógica para realizar un mundo mejor. Y sabemos no se puede hacer socialismo desde arriba, a través de los esfuerzos y enseñanzas de una vanguardia que toma todas las iniciativas y desconfía del auto-desarrollo de las masas. Rosa Luxemburgo sabiamente enfatizó:"la clase obrera exige el derecho de cometer sus propios errores y aprender del dialecto de la historia."Cuando empezamos con la meta de una sociedad que puede desatar el potencial de seres humanos y que reconoce que la senda a esta meta es inseparable del auto-desarrollo del pueblo, podemos construir una sociedad verdaderamente humana.

LECCIONES DE SOCIALISMO YA OLVIDADAS

"La democracia en la producción es una condición necesaria para el libre desarrollo de todos"

Carlos Marx

El mundo que queremos construir es una sociedad de productores asociados en donde cada individuo pueda desarrollar plenamente sus potencialidades: un mundo que, desde el punto de vista de Marx, permita" el desarrollo absoluto de su potencial creativo," el "total desarrollo del contenido humano," el "desarrollo de todos los poderes humanos como un fin en sí mismo". Los seres humanos fragmentados y parcelados que el capitalismo produce serían reemplazados por seres humanos completamente desarrollados, "el individuo completamente desarrollado para el cual las distintas funciones sociales no son sino diferentes modos de actividad de las que se ocupará sucesivamente. "el proceso socialista es un proceso tanto de destrucción como de construcción: un proceso de destrucción de los elementos de la vieja sociedad que todavía permanecen (incluyendo el soporte para la lógica del capital) y un proceso de construcción de los nuevos seres humanos socialistas

El mundo que los socialistas siempre han querido construir es aquel en el cual cada persona se relacione con las demás como partes de una gran familia; una sociedad en la que seamos capaces de reconocer que el bienestar de los demás nos beneficia a todos: un mundo de amor y solidaridad humana donde, en vez de clases y antagonismos clasistas, tengamos "una asociación, en la cual el libre desarrollo de cada uno sea la condición para el libre desarrollo de todos".

El cambio simultáneo de las circunstancias y de sí mismo (o lo que Marx llamó "la práctica revolucionaria") radica en cómo construimos la nueva sociedad y los nuevos seres humanos.

Obviamente, la naturaleza de nuestras instituciones y relaciones debe suministrarnos el espacio para dicho auto-desarrollo. Sin democracia en la producción, por ejemplo, no podemos construir ni una nueva sociedad, ni personas nuevas. Cuando los trabajadores se comprometen con la autogestión, combinan la concepción del trabajo con su ejecución. Entonces, no sólo se pueden desarrollar las potencialidades intelectuales de todos los productores asociados, sino que la "sabiduría tácita" que tienen los trabajadores sobre mejores formas de trabajar y producir también puede convertirse en una sabiduría social de la cual todos podremos vernos beneficiados. La producción democrática, participativa y protagónica permite ambas cosas: aprovechar nuestros recursos humanos ocultos y desarrollar nuestras capacidades. Pero, sin esa combinación de cabeza y mano, las personas permanecen como aquellos seres humanos fragmentados y parcelados que produce el capitalismo: la división entre los que piensan y los que hacen se mantiene como el modelo que Marx describió en el cual "el desarrollo de las capacidades humanas de unos, está basada en la restricción del desarrollo de las capacidades de otros". La democracia en la producción es una condición necesaria para el libre desarrollo de todos.

Pero ¿qué es la producción? No es algo que ocurre sólo en la fábrica o en lo que tradicionalmente identificamos como el lugar de trabajo. Cada actividad que tiene por objetivo proporcionar aportes para el desarrollo de los seres humanos (especialmente aquella que nutre directamente el desarrollo humano) tiene que ser reconocida como producción.

Más aún, las concepciones que guían la producción deben ser en sí mismas producidas. Las metas que guían la producción son características distintivas de las diferentes sociedades. En el capitalismo, las metas que la guían son las de la ganancia individual de los capitalistas. En una sociedad de productores asociados, las metas específicas están relacionadas con el autodesarrollo de las personas que viven endicha sociedad. Sólo a través de un proceso en el que las personas están involucradas en todos los niveles en la toma de las decisiones que las afectan (es decir, su vecindario, comunidad y la sociedad como un todo),las metas que guían la producción pueden ser las mismas metas del pueblo. A través de su participación en esta toma de decisiones democrática, la gente transforma tanto sus circunstancias como a sí misma: se auto-produce como sujeto en la nueva sociedad. Dicha combinación de desarrollo democrático de las metas y de ejecución democrática de las mismas es esencial porque, a través de ella, los individuos pueden entender las conexiones entre sus actividades y entre ellos mismos. La transparencia es la regla en la sociedad de productores asociados: siempre queda claro quien decidió lo que había que hacer y cómo debía hacerse. Con la transparencia se fortalece la base de la solidaridad. La comprensión de nuestra interdependencia facilita la visualización de los intereses comunes, una unidad basada en el reconocimiento de nuestras diferentes necesidades y capacidades.

Vemos que nuestra productividad es el resultado de la combinación de nuestras distintas capacidades y que nuestra unión, y el control comunitario de los medios de producción nos convierten a todos en beneficiarios de esfuerzos comunes.

Esas son las condiciones en las cuales todos los frutos de la cooperación se dan de forma abundante y podemos centrarnos en lo que es realmente importante: la creación de las condiciones en las cuales el desarrollo de todos los poderes humanos sea un fin en sí mismo. En el mundo que queremos construir todas estas características y relaciones coexisten simultáneamente y se apoyan entre sí. La toma de decisiones democráticas en el lugar de trabajo (en vez de la dirección y la supervisión capitalista); la dirección democrática de las metas de la actividad por parte de la comunidad (en lugar de la dirección capitalista); la producción con el propósito de satisfacer las necesidades (en lugar del propósito de la ganancia privada); la propiedad común de los medios de producción (en lugar de la propiedad privada o de un grupo); una forma de gobierno democrática, participativa y protagónica (en vez de un Estado todopoderoso y por encima de la sociedad); la solidaridad basada en el reconocimiento de nuestra común humanidad (en vez de la orientación hacia el interés personal); el enfoque hacia el desarrollo del potencial humano (en vez de hacia la producción de bienes). Todos estos rasgos son parte de un nuevo sistema orgánico: la verdadera sociedad humana. Pero, ¿cómo se construye este mundo?

Sin embargo, como Marx bien sabía, este proceso requiere una clase especial de Estado y no su forma heredada, aquel Estado todopoderoso y por encima de la sociedad que no es sino la "fuerza pública organizada para la esclavitud social". El Estado mismo tiene que ser transformado en un instrumento que esté subordinado a la sociedad, en el "autogobierno de los productores". Si no se crea un poder desde abajo, más que el autodesarrollo —que es la esencia de la sociedad de los productores asociados—, la tendencia será a que surja una clase por encima de nosotros: una clase que identifique el progreso con la capacidad de controlar y dirigir desde arriba. Marx insistió en que la clase obrera no podría usar "la máquina del Estado tal como está para sus propios fines" él lo sabía porque aprendió de la historia. Particularmente, aprendió que los trabajadores que participaron en la Comuna de París habían espontáneamente descubierto la forma necesaria del Estado de los trabajadores, un Estado democrático y descentralizado que fuera manejado desde abajo. "Toda Francia", Marx comentaba, habría sido organizada en comunas auto-administradas y auto gobernadas. Marx respondió a las dudas de Bakunin sobre el Estado obrero: todos los miembros de la sociedad serían realmente miembros del gobierno porque la cosa empieza con la auto-administración de cada distrito.

El cambio simultáneo de las circunstancias y de sí mismo (o lo que Marx llamó "la práctica revolucionaria") radica en cómo construimos la nueva sociedad y los nuevos seres humanos.

www.ingramcontent.com/pod-product-compliance
Lightning Source LLC
Chambersburg PA
CBHW080906290526
45795CB00007BA/2428